D1670622

Alois Schwarz • Sakramente

Alois Schwarz

Sakramente

Liebeserklärungen
Gottes in den
Feiern der Kirche

:STYRIA

Bildquellenverzeichnis

Ferdinand Neumüller: Umschlagfoto, Farbteil 1, 3, 4, 11
Michael Leischner: Farbteil 2
Johannes A. Pichler/Regenbogen: Farbteil 5, 6, 9, 10, 14
© Rupprecht (www.kathbild.at): Farbteil 12, 13
Norbert Tutschek: Farbteil 7
Gerhard Trumler: Farbteil 8
Toni Anzenberger: Farbteil 15

www.styriapichler.at

Umschlaggestaltung: Bruno Wegscheider
Layout und Produktion: Helmut Lenhart
Druck und Bindung: Druckerei Theiss GmbH, A-9431 St. Stefan
ISBN 3-222-13186-4

Inhalt

Vorwort

Jeder getaufte Christ erlebt im Laufe seines Lebens die Feiern von Sakramenten. Viele suchen eine schöne Feier, wenn sie um ein Sakrament bitten oder zur heiligen Messe kommen. Und das ist gut so. Es werden dadurch Gespräche über Gott begonnen, und es wird über Zeichen und Wege gesprochen, wie er für die Menschen begreifbar ist und wird. In solche Gespräche will dieses Buch hineinführen, in die Zusage Gottes: „Ich bin da und werde für dich da sein“ (vgl. Ex 3,13). Das ist mehr als eine Information über Gott. Es ist seine erfinderische Art, dem Menschen zu zeigen, dass er ihn in sein Herz geschlossen hat. Gott, der „in sich unendlich vollkommen und glücklich ist“, ruft den Menschen und „hilft ihm, ihn zu suchen und mit all seinen Kräften zu lieben“ (vgl. Katechismus der katholischen Kirche, Nr. 1). Immer wieder erklärt Gott, dass er den Menschen liebt und durch vielfältige Zeichen seine Zuwendung zeigt. Sein Wesen ist Liebe. Liebe aber sucht immer den anderen. Sucht, sich zu äußern und die innere Dynamik der Zuwendung zu zeigen. Liebe sucht Einheit und Einssein. Sakramente, im ursprünglichen Sinn Mysterium genannt, also Geheimnis, sind Zeichen und Ausdruck der Liebe Gottes zum Menschen. Das unüberbietbare Zeichen seiner Liebe ist wohl Jesus Christus. Er ist die Mensch gewordene Liebeserklärung Gottes an uns Menschen. Ihn berührt der Mensch in den Feiern der Kirche.

Dieses Buch ist eine Wegbegleitung zur Feier der Sakramente. Es ist ein Mitgehen in verschiedene Lebenssituationen, um dabei das Leben zur Sprache zu bringen mit all der Sehnsucht nach sicheren Übergängen und verlässlichen Schritten. So kommen Fragen und Erlebnisse zur Sprache, auch Eindrücke und Erinnerungen, die mich bei der Feier der Sakramente in meinem priesterlichen und bischöflichen Dienst geprägt haben. Ich erzähle also von meinen Zugängen zur Feier und von dem, was mich an Gottes Worten und Zeichen innerlich berührt und begleitet. Zu den Sakramenten gibt es viele Bücher. Wichtig und hilfreich ist der Katechismus der katholischen Kirche. Er verkündet und erklärt sehr grundlegend und umfassend, wie Jesus Christus durch die Sakramente in der Kirche und durch sie in der Welt handelt.
Der Sinn (d. h. in alter Wortbedeutung auch: die Reise, die Bewegung, der Weg) und das Ziel des vorliegenden Buches sind es, Orte der Gottesbegegnung, Zeichen und Rituale, Symbole und Erinnerungen so zu beschreiben und zugänglich zu machen, dass die Liebeserklärung Gottes in den Feiern der Kirche erlebbar wird. Sakramente sind nicht nur Symbole für ein bestimmtes religiöses Gefühl, sondern von Jesus Christus der Kirche anvertraute wirksame Zeichen der Gnade Gottes. Ich versuche, in den folgenden Abschnitten zu erklären und zu deuten, was in diesen Feiern der Sakramente der Kirche geschieht. Mit einfachen Worten, doch nicht vereinfachend, werde ich beschreiben, welchen Sinn die Sakramente haben und wie das alles mit dem Alltag eines christlichen Lebens verbunden ist.
Das Buch ist keine Abhandlung über die Sakramente, sondern Begleitung im Gespräch und bei den Feiern, es ist Deutung und Verkündigung. Dankbar bin ich allen, die

sich in der Erstellung des Manuskriptes auf das Gespräch eingelassen haben. Sie haben durch wertvolle Anfragen und differenzierte Hinweise geholfen, dass dieses Buch in der Sprache des Herzens das vermittelt, was alle Sakramente von Gott her sind: Liebeserklärungen in den Feiern der Kirche. Manche haben die Konzeption des Buches mit ihrem Gebet begleitet, andere haben durch die Mitfeier der Sakramente und ihre Betroffenheit von der Berührung Gottes Teile des Buches thematisch mitgestaltet. Ihnen gilt mein besonderer Dank.

Klagenfurt, zum Fest des hl. Augustinus,
28. August 2005

Dr. Alois Schwarz
Bischof der Diözese Gurk in Klagenfurt

Einleitung

Sieben Sakramente

Die Kirche spricht von sieben Sakramenten: die Taufe, die Firmung, die Eucharistie, die Buße, die Krankensalbung, die Weihe und die Ehe. Diese sieben Sakramente betreffen verschiedene Zeitpunkte im Leben des Christen. Die drei Sakramente „Taufe", „Firmung" und „Eucharistie" geben dem christlichen Leben Grund und Wachstum. Die Sakramente „Buße" und „Krankensalbung" bringen die Heilung des Menschen zum Ausdruck und zur Wirkung. Die Sakramente der „Weihe" und der „Ehe" stellen die Christen in den Dienst der Gemeinschaft. Die Sakramente bilden so ein organisches Ganzes, in dem jedes Sakrament seinen lebenswichtigen Platz hat. Bedeutsam ist, dass die Eucharistie und die Taufe einen besonderen Charakter im christlichen Leben haben. Die Taufe ist die Grundlage des ganzen christlichen Lebens, gleichsam das Eingangstor zu allen anderen Sakramenten. Die Eucharistie ist „Quelle und Höhepunkt des christlichen Lebens", wie das Zweite Vatikanische Konzil mehrfach hervorhebt (vgl. Kirchenkonstitution, Nr. 11). Alle Sakramente sind also auf die Eucharistie hin geordnet. Sie ist gleichsam das Heilsgut der Kirche in seiner ganzen Fülle – Christus selbst „unser Osterlamm". In der Eucharistie gipfelt das Handeln, durch das Gott die Welt in Christus heiligt.

Worte verändern Lebenssituationen

Wenn wir Menschen einander ein Wort sagen, dann können wir damit eine Information vermitteln; wir können aber auch Gefühle ansprechen oder überhaupt die Situation durch ein Wort verändern. Worte schaffen eine neue Wirklichkeit. Wir brauchen nur daran zu denken, wie die Situation zum Beispiel verändert wird, wenn jemand plötzlich zu einem anderen sagt: „Ich freue mich über dich" oder wenn er „Danke" sagt. Wenn jemand sagt: „Ich vertraue dir", dann können solche Worte Kraft zum Leben schenken, Freude wecken, Gemeinschaft stiften oder sie lassen eine verlorene Beziehung wieder aufleben. Wenn jemand sagt: „Ich vergebe dir" oder „Vergib mir bitte", so wissen wir, dass diese Worte nicht nur beschreibende, sachliche Informationen sein wollen, sondern Frieden stiften und Völker verbinden können. Wir machen auch die Erfahrung, dass wir mit Worten einen Bund des Lebens schließen können, Ordnung in unserer Liebe schaffen, Verlässlichkeit schenken und sichern. Worte können aber auch in die Verzweiflung treiben, Gemeinschaft zerstören, Kriege auslösen. Worte verändern also Lebenssituationen, und gute Worte schenken eine neue Qualität des Lebens.

Jede und jeder hat schon die Erfahrung gemacht, dass mit einem kurzen Wort einem anderen Menschen Hoffnung gegeben werden kann, welche ihn ganz neu leben lässt. Das menschliche Wort kann also eine Tätigkeit auslösen und einen wirksamen Charakter entwickeln, der das Leben verändern kann. In diesem Zusammenhang sind auch die Worte zu verstehen, die bei der Feier der Sakramente gesprochen werden. Es wird eine Lebenssituation verändert, wenn der Priester zu einem Kind oder zu einem Erwachsenen sagt: „Ich taufe dich" oder wenn er nach dem

Das Innere des Bischofsstabes birgt den kostbaren Schatz von sieben Diamanten. Damit wird zum Ausdruck gebracht, welch besonderes Geschenk uns Gott durch die sieben Sakramente zuteil werden lässt: seine Liebeserklärungen an uns Menschen in den Feiern der Kirche.

Schuldbekenntnis und der Reue eines Beichtenden die befreienden und erlösenden Worte sagen darf: „Ich spreche dich los von deinen Sünden. Im Namen des Vaters, des Sohnes und des Heiligen Geistes. Amen."

Worte Gottes

Die Feiern der Sakramente sind also verlässliche Worte Gottes, die unsere Lebenssituationen verändern, Leben schenken, trösten und aufrichten und so die Begegnung Gottes mit dem Herzen der Menschen in vergebender, verzeihender, aufrichtender, tröstender und Hoffnung schenkender Weise deutlich machen.

Zeichen der Erinnerung

Jeder Mensch kennt aus seinem Leben verschiedene Erinnerungsstücke, Andenken, oft unscheinbare Zeichen, die mit einer bestimmten Erfahrung verbunden werden, mit einer bestimmten Erzählung verknüpft, um so zu wichtigen Zeichen der Liebe, des Vertrauens oder auch der Erinnerung zu werden. Dinge, die eine Geschichte haben, werden durch erinnernde Erzählung über ihren Materialwert hinausgehoben, bekommen eine besondere Bedeutung, werden Geschichten und sind dann schließlich ein Lebenszeichen für eine ganz andere Welt und Wirklichkeit.

Genauso ist es mit den Zeichen und Ritualen der christlichen Sakramente. Äußerlich betrachtet, geht es dabei um ein kleines Stück Brot, um Öl oder Wasser, aber durch die mit diesen „Elementen" Brot, Öl oder Wasser verbundene Erinnerung oder Erzählung wird aus diesem zunächst unscheinbaren Material die Gestalt und Gestaltung einer anderen Welt, die neue Dimension eines transzendentalen (d. h. unsere Alltagswirklichkeit überschreitenden) Bezuges.

Erlebnis der Sinne

Kleine Kinder lernen im Laufe ihrer Entwicklung vieles mit Hilfe ihrer Hände. Sie „begreifen" Dinge, um die Welt zu erfahren. Diese Sinneserfahrung der Berührung, des Ertastens, des Verstehens der Welt mit der Hand, dem Mund, dem Ohr, dem Auge, der Nase hat auch ihre Auswirkungen für die Feier der Sakramente. Wir schenken unserer Seele Lebendigkeit, wenn wir für Berührungen im Leben sensibel werden. Wenn ich von der Sonne meine Handflächen bescheinen lasse, dann spüre ich Wärme. Es erfüllt mich mit Lebendigkeit. Ich werde wach für das Leben. Wenn ich den Wind meine Finger streicheln lasse, bin ich erfüllt vom zarten Hauch der Bewegung. Mein Körper und meine Seele atmen. Wenn ich meine Hände in das Wasser tauche, erlebe ich die Kraft, die Frische, die Lebendigkeit. Freude macht sich in mir breit. Eine ganz andere Form der Berührung ist es, wenn sich mir ein Mensch behutsam, liebevoll, Geborgenheit und Wärme schenkend nähert.

Sinnesschulung für die Seele

All diese Erfahrungen können auch Zugänge sein, in denen wir Gott in uns spüren und erfahren, dass er uns berührt mit dem, was er für uns geschaffen hat. Das Leben soll gut tun und gelingen, damit wir Gottes Liebe erleben können. So lerne ich, zu begreifen, was Gott mit den Menschen vorhat: Er will, dass es ihnen gut geht. Wir können so aus den alltäglichen Handgriffen zur Sensibilität und Erfahrung heilsamer Berührungen kommen, so, wie Gott sie uns in seiner Schöpfung von Anfang an zeigt. Das ist eine der wichtigsten Dimensionen bei der Feier der Sakramente. Jedes Sakrament, das wir miteinander feiern, ist eine handgreifliche Begegnung, ein Begreifen und Verstehen der aufmerksamen Zuwendung Gottes zum Menschen, damit er durch diese Berührung Lebendigkeit, Aufatmen und Leben erfahre.

Leben verändert sich

Normalerweise verläuft im Alltag unser Leben in unaufgeregten Ereignissen. Die Tage haben so ihren eigenen Charakter und ihre eigenen Mühen, wie auch ihre eigenen Freuden und Arbeiten, die von jedem in gewisser Routine und Verlässlichkeit zu verrichten und zu bestehen sind.
Es gibt aber auch immer wieder Unterbrechungen im Alltag, wo dem Menschen im Fluss seines Lebens plötzlich bewusst wird, dass sich etwas verändert hat oder ändern soll. Seine Lebensgeschichte kann eine einschneidende Bedeutung bekommen, sodass er darüber unbedingt mit anderen ins Gespräch kommen will. Was dem Menschen an Lebensveränderung, an Prägung, an Unterbrechung des Alltags bewusst wird, darüber möchte er mit anderen reden. Er sehnt sich nach einem verstehenden, Anteil nehmenden und deutenden Wort, das heißt, nach einem aufrichtigen und aufrichtenden Zeichen.

Stärkung in neuen Lebenssituationen

Wenn ein Kind geboren wird, dann ist das eine starke Prägung der Lebenserfahrung der Eltern. Es wird ihnen dabei bewusst, dass das Leben, so wie sie es gewohnt waren, nicht mehr weitergeht, sondern durch die Geburt des Kindes

eine Veränderung erfährt. Es wird deutlich spürbar, dass das Leben eine neue Qualität erhält. Sie bringen ihre Erlebnisse ins Wort. Das heißt, sie reden darüber, sie erzählen. Man weiß es nicht nur in der Verwandtschaft, sondern auch am Arbeitsplatz. Es wird erzählt, dass das Paar ein Kind geschenkt bekommen hat. Was ihnen bewusst wird und worüber sie reden, wollen die Leute auch deuten. Bekannte und Freunde sprechen ein Wort der Anerkennung und Wertschätzung aus. Sie übermitteln Glückwünsche und möchten, dass so das besondere Ereignis ihres Lebens auch mit anderen geteilt wird.
Was die Menschen erleben, was ihnen bewusst wird, worüber sie sprechen und was sie deuten, bringen sie in eine Feier ein. Normalerweise feiern Eltern die Geburt zu Hause mit ihren Angehörigen. Sie freuen sich über die Glückwünsche, die sie erhalten, und machen ein kleines Fest der Dankbarkeit darüber, dass ihnen ein Kind geschenkt worden ist.

Leben – Deuten – Feiern

Die Kirche feiert mit den Menschen die Sakramente. Sie begeht dabei mit den Menschen diesen Dreischritt „Leben – Deuten – Feiern“ und prägt ihn auch in den einzelnen Dimensionen schöpferisch mit. Wo die Deutung der Lebensereignisse, das Gespräch darüber und das, was den Menschen bewusst wird, nicht genug ins Wort kommen, können die Menschen auch nicht entsprechend feiern. Die Kirche hat die große Erfahrung und die Tradition, so dass sie aus dem reichen Schatz der Deutung des Lebens viele Hilfen und Formen bietet, um den Menschen in der Gestaltung der Feiern ihres Lebens beizustehen und Orientierung zu geben.

Was für freudige Ereignisse gilt, die das Leben des Menschen unterbrechen, bereichern und ins Wort bringen, gilt selbstverständlich auch für die Ereignisse, die mit Leid, Not und innerer Bedrängnis verbunden sind. Man bringt diese ins Wort, redet darüber, gibt dem Ereignis eine lebensfördernde Deutung. In einer entsprechenden Feier der Trauer gibt man dem Trost Raum, um durch die Feier das Leben bei aller Bedrohung und schmerzlichen Vergänglichkeit mitzutragen und den Mut zum Leben zu stärken. Wer nämlich in diesem Dreischritt des Lebens „Leben – Bewusstwerden – Feiern" die tieferen Dimensionen menschlichen Lebens durch Erinnerung und Gestaltung annimmt, der geht wieder ganz anders in den Lebensalltag zurück.
Es ist immer so, dass man nach einer großen und wunderbaren Feier eine andere Dynamik des Lebens spürt, sodass man gleichsam auf einer anderen Ebene menschlichen Lebens die weiteren Schritte in den Alltag hinein setzen kann. Die Feiern verändern das Leben von Grund auf und schenken eine neue Dynamik in der Gestaltung der weiteren Zukunft.
Für die Feier der Sakramente ist es also wichtig, dass man bei den Lebenserfahrungen der Menschen ansetzt, ihnen eine Deutung gibt und in der Feier bewusst macht, was dadurch an Verdichtung des Lebens dem Menschen geschenkt worden ist.
Wenn zum Beispiel junge Leute spüren, dass im Alltag ihrer Liebesbeziehung die Vertrautheit miteinander so stark geworden ist, dass das ihr Leben verändert, dann werden sie darüber reden. Es wird ihnen nicht nur bewusst, dass sich ihr Leben auf eine Partnerschaft hin entwickelt, sondern sie möchten darüber auch sprechen, sie werden

anderen davon erzählen. Sie werden dieser nun begonnenen Zweisamkeit eine hoffnungsvolle Deutung geben. Was sie hier im Leben an neuer Kraft des Miteinanders erfahren, wollen sie ins Wort bringen und miteinander feiern.
Es ist nicht unwichtig, dass die Liebesbeziehung zwischen zwei Menschen durch ein Fest veröffentlicht wird und dass in dieser gemeinsamen Feier der Partnerschaft wiederum eine neue Kraft für Zukunft und Hoffnung liegt. Es ist ja nicht unüblich, dass zwei Menschen, die heiraten, Hoffnung und Zuversicht zugesprochen werden, damit ihre Partnerschaft auch gelingen möge. Ehen und Partnerschaften, die nicht in einer verbindlichen Form veröffentlicht werden, über die also nicht hoffnungsvoll gesprochen wird und die durch keine vertrauensvolle Deutung des Lebens eine wesentliche Veränderung in ihrer Beziehung zugesprochen bekommen, haben weniger Dynamik an Hoffnung. Sie werden nicht in eine Feier hineingetragen und haben dadurch weniger Kraft der Zukunft in sich, weil niemand ausgesprochen und zugesprochen hat, dass die Beziehung der beiden Menschen auch glücken möge. Jede Zusage der Hoffnung ist eine Zusage von neuer Lebensenergie, von innerer Stärkung, die dem Lebensalltag wieder eine andere Qualität schenkt.
Ehepaare, die miteinander das Fest der Trauung begangen haben, gehen gleichsam auf einer anderen Ebene in den Lebensalltag und in die gemeinsame Zukunft hinein.

Innere Ordnung der Lebenssituationen

Die Wirklichkeit unseres Lebens und Erlebens ist oft sehr kompliziert. Viele verschiedene Situationen müssen wir

jeden Tag bestehen und uns dabei auch in verschiedenen Gefühlslagen äußern. Manchmal erlebt man ein völliges Durcheinander und eine Unübersichtlichkeit. Deshalb brauchen wir in besonderer Weise feste Gewohnheiten und Rituale. Damit ordnen wir ja unsere Erlebnisse und die uns gestellten Anforderungen und geben ihnen durch verschiedene Rituale im Laufe eines Tages einen verlässlichen Rahmen. Gerade in schwierigen Situationen sind eine solche innere Ordnung und ein äußerer Halt für das Lebensgefühl ganz wichtig. Vor allem bei Abschieden oder bei einem Neubeginn, bei Veränderungen, die Angst machen, braucht es ein tragendes Übergangsritual und vertraute, festgesetzte Zeichen, die innere Sicherheit und den sich zum Teil widersprechenden Gefühlen eine klare Orientierung geben.
Bei der Geburt eines Kindes ist eine solche Übergangssituation so herausfordernd, dass ein deutliches Ritual mit Segenszusage und Glückwünschen dem bangen Blick in die Zukunft und der Sorge vor den schwierigen Entscheidungen eine klare äußere Ausrichtung sowie innere Kraft und Orientierung schenken. Viele Gefühle können ja in der Seele des Menschen gleichzeitig da sein. Eine oft so diffuse Mischung ist für die Einzelnen allein nicht leicht auszuhalten. Da ist es wichtig, die gegebene Situation in Worte zu fassen, verbal auszudrücken, was einen Menschen bewegt. Gleichzeitig braucht es aber auch zu den einzelnen unterschiedlichen Gefühlen ein Vertrautwerden mit verschiedenen Ritualen und Zeichen, die inneren Halt und Sicherheit geben. In solchen Situationen ist es wichtig, wenn Menschen einander beistehen und einander zeigen, dass sie zusammenhalten, um in der Unübersichtlichkeit des Weges einander Wegbegleiter zu werden und zu bleiben.

Viele Menschen spüren in solchen Situationen auch, dass ihr Leben von verschiedenen Kräften bestimmt wird, die sie selber nicht steuern können. Sie spüren, dass sie eingebunden sind in einen größeren Lebenszusammenhang und dass gerade an den Knotenpunkten des biologischen Lebens wie Geburt, Erwachsenwerden, Familiengründung und Tod so schwerwiegende Erlebnisse auf sie einströmen, dass sie dankbar sind, wenn in solchen Momenten jemand da ist, der ihnen zur Seite steht. Manche beginnen in diesen Situationen zu beten oder erinnern sich, dass sie in ähnlichen Ereignissen, wo sie an die Grenzen des eigenen Seins und Könnens gestoßen sind, durch die Zusage des Segens Halt und innere Ruhe gefunden haben.
Die Menschen haben seit jeher die Erfahrung gemacht, dass an den Knotenpunkten des Lebens die Religion helfen kann, diese Übergänge wahrzunehmen und feierlich zu begehen. Sie hilft, mit Ritualen und Symbolen eine lebensfähige Antwort zu finden auf die Fragen, Sorgen und Hoffnungen der Menschen. So fällt es dann leichter, die neuen, unbekannten Wege mit innerer Zuversicht und offenem Vertrauen zu gehen. An den Übergängen von einem Lebensabschnitt zum anderen sind die religiösen Rituale und auch die Feiern der Sakramente eine Stütze, gleichsam wie eine Orientierung auf einen neuen Bezugspunkt der Hoffnung und der Zukunft hin. Viele suchen besonders an den Übergängen des Lebens die Beziehung zu Gott und sind dankbar, dass ihnen die Gemeinschaft der Kirche in dieser Situation beisteht. Die Bitte etwa um die Krankensalbung in der bedrängten Situation des Todes ist Ausdruck des Wunsches, an diesem besonderen Moment des Lebens nicht allein zu sein, sondern innere Stütze und Stärkung zu finden.

Sakramente feiern

Die liturgischen Feiern, aber auch und insbesondere die Sakramente sind nicht private Feiern, sondern immer Feiern der Kirche. Diese Feiern gehen die ganze Kirche an und machen sie sichtbar. Sie stärken die Kirche und wirken ins alltägliche Leben. Gleichzeitig sind alle Sakramente auf das Sakrament der Eucharistie, auf die heilige Messe hin geordnet. Wichtig ist, dass wir das Feiern der Sakramente sowie das Feiern eines Festes immer als Daseinsbejahung verstehen, und zwar konkret als Bejahung unseres Lebens durch unseren Gott, der uns in dieses Leben gerufen hat.

Das Wort, das bei der Feier eines Sakramentes gesprochen wird, ist nicht nur eine sachliche Information. Es ist auch nicht bloß eine Beschreibung, sondern es ist ein Wort, das eine neue Wirklichkeit stiftet. Es macht gleichsam die göttliche Wirklichkeit gegenwärtig. Durch die Herabrufung des Heiligen Geistes, die bei jedem Sakrament einen besonderen Ausdruck findet, wird das, was im Sakrament angesprochen wird, auch bei der Feier erfahrbar. Im Katechismus der katholischen Kirche heißt es deshalb:

„Wie das Feuer alles, was es erfasst, in sich verwandelt, so verwandelt der Heilige Geist das, was seiner Macht unterstellt wird, in göttliches Leben" (Nr. 1127).

Bei jedem Sakrament handelt Jesus Christus im Sakrament selbst, um die Gnade Gottes mitzuteilen, die das Sakrament bezeichnet.

Lebendigkeit durch Jesus Christus

Die Feier der Sakramente macht deutlich, dass nicht nur von Gott geredet wird, sondern dass auch den Menschen gesagt wird, dass Gott in Jesus Christus im Augenblick der Feier des Sakramentes an den Menschen handelt. „Es“ handelt sich also nicht bloß um ein oberflächliches Symbol für eine gefühlsmäßige Verbundenheit. Die Sakramente sagen und zeigen: Jesus Christus ist als der Auferstandene da, und er ist mit seinem Geist lebendig. Er tritt in die Mitte der versammelten Gläubigen und spricht den Einzelnen in der Feier der Liturgie zu, dass er ihnen nahe ist und bleibt. Im Grunde ist es Jesus Christus selbst, der das Kind reinwäscht und im Wasser der Taufe neu belebt. Jesus Christus ist es, der nährt und uns stärkt in Brot und Wein. Er verzeiht uns im Wort der Sündenvergebung. Er salbt uns und stärkt unseren Glauben und beauftragt zu einem besonderen Dienst in der Ehe oder in der Leitung des Volkes Gottes. Deshalb sagen wir ja auch: Die Sakramente bewirken, was sie bezeichnen. Sie bringen zum Ausdruck, was im Wort angesagt, ja mehr noch, was im Wort als neue Wirklichkeit gestiftet wird. Das äußere Zeichen jedes Sakramentes ist ein feierliches Geschehen. Es ist keine äußere Sache, sondern eine lebendige und Leben gebende Handlung. Diese Handlung bewirkt im Empfänger, was durch das äußere Zeichen zum Ausdruck gebracht wird. Das darin gesprochene Wort macht das äußere Geschehen zu einem Handeln in Jesu Christi Namen und in seinem Geist.

Gott ist dem Menschen nahe

Sakramente sind zunächst von außen her gesehen menschliche Rituale, menschliche Symbole, die Gott gleichsam aufnimmt, um darin dem Menschen nahe zu sein, um ihm also zu zeigen, dass er ihm in diesem Augenblick und an diesem Ort mit diesem Zeichen begegnen möchte.

Der Mensch braucht, um Mensch sein und bleiben zu können, für sein Verhalten nicht nur die Ebene des Geistig-Geistlichen, sondern immer auch die leibhaften und leiblichen Vorgänge, in denen sein Leben beseelt und durchgeistigt wird. Das innere Leben des Menschen ist also angewiesen auf äußere Zeichen.

Zum menschlichen Leben und vor allem zu seiner aufrichtigen Frömmigkeit gehört, dass der Mensch nicht bloß innerlich oder geistig sich Gott verbunden weiß, sondern der ganze Mensch beteiligt ist, wenn er sich Gott zuwendet. Dazu gehört dann eine Fülle von Zeichen, Symbolen, Haltungen und Bräuchen. Eine nur innerliche Frömmigkeit gibt es nicht. Es muss der ganze Mensch beteiligt sein, wenn wir uns Gott zuwenden.

Der Verlust oder der Verzicht des leibhaften Ausdrucks ist deshalb nicht eine konzentrierte Verinnerlichung, sondern eine Gefährdung der Frömmigkeit. Es ist ja nicht belanglos, ob wir auf äußere Haltungen beim Gebet und beim Gottesdienst Wert legen, wie z. B. die Kniebeuge, das Stehen oder Sitzen im Gottesdienst. Es ist auch nicht belanglos, welche Zeichen wir im Gottesdienst verwenden, welche Musik gespielt und welche Festlichkeit spürbar wird, was das Weihwasser, die Kerzen und der Kirchenschmuck bedeuten, aber auch die liturgischen Farben und Gewänder. So ist es auch für die Mitfeiernden von großer und heilsamer Bedeutung, dass sie mit Leib, Seele und

Geist, also wahrhaft gesammelt, an den Feiern des Heils teilnehmen und mitwirken.

Kirche aufbauen und gestalten

Wir erleben derzeit, dass manche Menschen sagen: „Ich kann auch ohne eine Gemeinschaft meinen Glauben leben. Ich brauche zum Christsein nicht die anderen.“ Da scheint es mir umso wichtiger zu sein, deutlich zu machen, dass durch die Feier der Sakramente die Menschen einen kostbaren Schatz zur Lebensgestaltung gewinnen können. Christsein ist eigentlich nur miteinander, durch Christen möglich. Christ wird man nur durch Christen, und Christ bleibt man nur mit und durch die anderen Christen. So wird Kirche aufgebaut und mitgestaltet.
Die Kirche ist der „Leib Christi“, der durch die Eucharistie geschenkt wird. Gerade die Verwandtschaft vom Leib Christi als Eucharistie und Leib Christi als Kirche macht deutlich, dass die Gemeinschaft der Kirche in der Feier der Sakramente gründet, im Gebet verwurzelt ist und in der heiligen Kommunion die Kraft zur lebendigen Kommunikation erhält. In den Sakramenten der Kirche begegnet der dreifaltige Gott in Jesus Christus und im Heiligen Geist uns Menschen in der Gemeinschaft der Kirche in menschlichen Symbolen und macht diese Symbole so zu Sakramenten unseres Heils.

Sieben Zeichen des Heils und der Gnade

Es gibt verschiedene Erklärungen, warum die Kirche genau zu sieben Sakramenten kommt und warum sie gerade diese sieben Vollzüge als Mittel der Gnade festgelegt hat. Karl Heinz Mencke argumentiert, dass diese sieben Zeichen des Heils der Kirche gerade deshalb Sakramente

In den Feiern der Kirche wird den Menschen ermöglicht Gott näher zu kommen. In der Kirche, die dem Menschen einen Schutzraum bietet, wird die Nähe Gottes spürbar. Auch wenn der Weg des Lebens noch so steil und anstrengend ist, Gott ist wie ein sicherer Schutz. Er schenkt Geborgenheit am Ende jeder Mühe und Aussichtslosigkeit. Er wartet und lädt die Menschen ein sich einzulassen auf seine große Liebe.

sind, weil durch sie immer wieder neu Kirche entsteht. So ist es zum Beispiel bei der Taufe, dass diese gerade dazu beruft und ermutigt, dass die Einzelnen die Hingabe des Sohnes im Heiligen Geist für die Welt mitvollziehen, dass sie hineingenommen werden in die Wirklichkeit des dreifaltigen Gottes, um dadurch auch andere Menschen damit vertraut zu machen. Ähnliches gilt bei der Firmung, bei der Priesterweihe und dem Ehesakrament. Keiner empfängt ja die Sakramente nur für sich, sondern immer auch für die anderen Menschen, die ihm begegnen, um so auf eine bestimmte Weise selbst ein wirksames Zeichen der Gottverbundenheit zu sein. Auch das Bußsakrament wird nicht nur für den Einzelnen gefeiert, und die Vergebung wird nicht allein dem Einzelnen zugesprochen, sondern Vergebung empfängt jemand im Sakrament, um selbst danach wieder die Güte und Barmherzigkeit Gottes anderen zu bezeugen. Er gibt also weiter, was er selbst empfangen hat. Ähnliches gilt auch für die Krankensalbung, auch wenn sie oft in einem sehr persönlichen Rahmen gefeiert wird. Der Gott, der die Liebe ist und sich im Gebet dem Kranken heilend öffnet, will, dass durch dieses Zeichen Christus als heilende Kraft dem Menschen geschenkt wird. Wer die Krankensalbung empfängt, wird dann mit Christus die ihn zerstörende Krankheit annehmen, so dass er selbst für die anderen zum Zeichen der Hoffnung und des Lebens wird.

Das Sakrament der Taufe

Die elf Jünger gingen nach Galiläa auf den Berg, den Jesus ihnen genannt hatte. Und als sie Jesus sahen, fielen sie vor ihm nieder. Einige aber hatten Zweifel.
Da trat Jesus auf sie zu und sagte zu ihnen: Mir ist alle Macht gegeben im Himmel und auf der Erde.
Darum geht zu allen Völkern und macht alle Menschen zu meinen Jüngern; tauft sie auf den Namen des Vaters und des Sohnes und des Heiligen Geistes und lehrt sie, alles zu befolgen, was ich euch geboten habe.
Seid gewiss: Ich bin bei euch alle Tage bis zum Ende der Welt (Mt 28,16–20).

Als die Geburt Jesu angekündigt wird, ist die Rede davon, dass er der „Immanuel“ ist, was bedeutet „Gott ist mit uns“. In Jesus von Nazareth ist Gott bei den Menschen. Genau das wird von Jesus auf dem Berg in Galiläa den Aposteln als Auftrag gegeben: Den Menschen zu sagen und ihnen zu zeigen, dass sie gewiss sein dürfen: Gott ist bei ihnen bis zum Ende der Welt. Weil er auferstanden ist von den Toten und lebt, kann er spürbar und erlebbar bei den Menschen bleiben.

Diese Zuwendung Gottes wird durch die Taufe dem Menschen persönlich zugesprochen. Alle Menschen sollen zu Jüngern Jesu werden, d. h. in seine Schule gehen. Dadurch geschieht in der Kirche, was Jesus den Jüngern gesagt hat: „Geht zu allen Völkern und macht alle Menschen zu meinen Jüngern; tauft sie auf den Namen des Vaters und des Sohnes und des Heiligen Geistes“ (Mt 28,19).

Angenommen und geliebt

Gott sagt bedingungslos „ja“ zu jedem Kind. Kein Kind muss zunächst etwas leisten, um da sein zu dürfen. So wie Jesus bei der Taufe im Jordan von seinem Vater im Himmel hörte: „Du bist mein geliebter Sohn; an dir habe ich Gefallen gefunden“ (Mk 1,11), so ist jedes Kind in die Liebe Gottes hineingenommen und soll gleichsam die Stimme Gottes hören: Du bist geliebt. Du bist wertvoll. Du bist kostbar. Diese Zusage wird bei der Taufe ausgesprochen. Die Eltern stehen vor Gott mit ihrem Kind und werden eingeladen, sich über das Leben des Kindes zu freuen. Wer sich auf diese Botschaft einlässt, dem öffnet sich der Himmel.

Ich kenne Eltern, die haben sich auf ihr Kind sehr gefreut. Sie haben es mit innerer Liebe erwartet und sich nach

dem jungen Leben gesehnt. Andere wieder sind plötzlich überrascht worden von dem werdenden Leben, sodass sie dazu zunächst noch gar nicht „ja“ sagen konnten. Manche Kinder mussten von ihren Eltern erst errungen werden. Manchmal ist das Gespräch in der Verwandtschaft nicht sehr kinderfreundlich, und letztlich bleibt die Mutter mit ihrer Entscheidung für das Kind allein. Es ist nicht immer einfach. Es gibt oft Unverständnis, auch sehr viel Ablehnung den Kindern gegenüber, die manchmal so plötzlich den Eltern geschenkt werden. Andererseits warten wieder manche auf ein Kind und sehnen sich danach, ein junges Leben in der Hand halten zu dürfen.
Um dieses „Von-Gott-geliebt-Sein“ zu erfassen und miteinander feiern zu können, ist das Taufgespräch eine wichtige Hilfe und eine Möglichkeit der Erschließung der vielen Zeichen und Symbole bei der Taufe. Die folgenden Ausführungen beziehen sich auf die Taufe von Kindern. Die Erwachsenentaufe hat ja ein ganz anderes, viel ausführlicheres Programm der Vorbereitung.

Taufgespräch

Die Gesprächssituation beim Taufgespräch ist oft nicht einfach. Die jungen Eltern haben Angst, was der Priester oder Diakon sie fragen wird. Manchmal haben sie sich schon erkundigt, wie das geht und was man da sagen muss. Da sie vielleicht schon lange nicht über religiöse Fragen gesprochen haben, fehlen ihnen die richtigen Worte. Dennoch kommen sie oder laden den Seelsorger in ihre Wohnung ein. Daheim tun sie sich oft leichter, weil sie die Umgebung kennen.
Beim Taufgespräch ist es wichtig, dass keine „Prüfungssituation“ entsteht und auch keine Situation des Ab- oder

Ausfragens. Deshalb spreche ich mit den Eltern gerne über die Frage: „Was wünschen Sie Ihrem Kind mit der Taufe?“ Die Frage lässt die Eltern hineinhorchen in ihre Sehnsucht und in ihre Bedürfnisse, die sie für das Kind haben. Sie lässt sie aber auch hineinhorchen, welchen Segen sie dem Kind mit der Taufe mitgeben und zusprechen lassen wollen.
Auf die Frage, warum sie ihr Kind taufen lassen, geben die Eltern verschiedene Antworten. „Weil es so dazugehört“ oder „Weil wir gläubig sind“, „Damit das Kind keine Nachteile in der Schule hat“, „Weil wir unser Kind im Glauben erziehen wollen“. Sehr schön finde ich die Antwort: „Weil wir unser Kind lieben.“ Dahinter steckt die Ahnung, dass für das Kind zur Liebe der Eltern noch die Liebe Gottes dazukommen sollte. Manchmal bleiben Menschen einander Liebe schuldig. Oft ist es zu wenig. Da ist das Geschenk der Liebe Gottes eine Bereicherung. In der Taufe wird einem Kind die unüberbietbare Ergänzung der elterlichen Liebe geschenkt.
Die Eltern können im Taufgespräch auch erzählen, welche Erinnerungen sie beim Wort „Taufe“ haben. „Ein feierliches Gefühl“ ist es für manche. Für andere ist es ein „von Gott Angenommensein“ und die Freude über die vielen Symbole des Lichtes und des Wassers der Reinigung.
Am meisten interessiert die Eltern und die Paten im Gespräch, wie die Taufe gefeiert wird, was sie mitbringen müssen und wer in welchem Moment was zu sagen hat. So bietet das Taufgespräch die Möglichkeit, über die Zeichen und Worte nachzudenken, sie zu deuten und sich innerlich mit der Feier vertraut zu machen. Der Sinn und die Gnade der Taufe zeigen sich in den Riten und werden in den einzelnen Symbolen erlebbar.

Empfang am Kirchentor

Wenn die Eltern mit ihrem Taufkind am Tor der Kirche empfangen werden, ist es schön, wenn die Türen weit offen sind. Alle Mitfeiernden stehen an der Schwelle zum Heiligtum, wo so viele Eintritt finden. Der Taufspender fragt, was die Eltern von der Kirche für ihr Kind erbitten. Die Eltern sagen dann: „Die Taufe" oder „... dass es ein Kind Gottes wird". Dabei erinnern sie sich an die Wünsche, die sie für ihr Kind beim Taufgespräch ausgesprochen haben. Vielleicht wiederholen sie den einen oder anderen Gedanken und sagen so ihrer mitfeiernden Verwandtschaft, was ihnen diese Feier bedeutet und was ihnen wichtig ist.

Welchen Namen haben Sie Ihrem Kind gegeben?

Diese Frage wird den Eltern am Beginn gestellt, und sie sagen damit gleichsam, welches „Programm" ihr Kind in der eigenen Familie ist. Es war ja sicher schon aufregend, wer den Namen ausgesucht hat und warum gerade dieser Name gewählt wurde. Ist es die Verbundenheit oder das Weiterführen einer Familientradition? Manche sind von einer bestimmten Persönlichkeit so berührt, dass sie ihr Kind nach ihr benennen. Mit dem Namen wählt man auch eine Heilige oder einen Heiligen als Vorbild und Ideal gelungenen Lebens. Das Kind kann dann gleichsam in seinen eigenen Namen hineinwachsen. Der Name macht meine Besonderheit aus. Ich werde ja mit meinem Namen gerufen und bin so unverwechselbar. Manche suchen dann im Laufe ihres Lebens den Ort auf, wo der oder die Heilige, auf dessen oder deren Namen sie getauft sind, gelebt hat und beerdigt ist, wo eine Kirche auf diesen Heiligen als Patron geweiht ist oder wo diese Heiligen besonders verehrt werden. Dabei sind der Patron oder die Patronin einer Kirche auch die „Paten" dieser Kirche.

Taufpaten

Nachdem die Eltern ihre Bereitschaft erklärt haben, ihr Kind christlich zu erziehen, werden die Paten gefragt, ob sie mithelfen, dass aus diesem Kind ein guter Christ wird. Für die Paten ist es ein Ehrendienst, dem Kind Stütze und Hilfe zu sein. Viele empfinden es als Auszeichnung und eine große Freude, wenn sie für das Patenamt erwählt werden. Früher waren die Paten auch dazu bestellt, für das Kind zu sorgen, wenn die Eltern dies aus irgendeinem Grund nicht mehr konnten. Sie waren gleichsam die soziale Absicherung für das Kind. Die Kirche sieht im Paten vor allem einen Wegbegleiter oder eine Wegbegleiterin im Glauben und erwartet deshalb sehr viel vom Patenamt. Patin oder Pate müssen gute Christen sein, die fähig und bereit sind, dem neu getauften Kind auf seinem christlichen Weg beizustehen. Sie werden deshalb in der Freundschaft zum Kind und in Verbundenheit mit seinen Eltern die Taufe als Einladung verstehen, selbst im Glauben zu wachsen und sich erneut mit dem Glauben auseinander zu setzen.

Ein Wort der Heiligen Schrift

Nach den Fragen an die Eltern und Paten zieht die feiernde Gemeinschaft in die Kirche ein, und jemand aus der Verwandtschaft wird gebeten, ein Wort der Heiligen Schrift vorzulesen. Die Eltern haben diesen Text vielleicht im Taufgespräch ausgesucht und wollen so dem Kind eine besondere Zusage für das Leben machen. Gerne wählen die Eltern die Stelle aus dem Evangelium von der Segnung der

Kinder, die Jesus zu sich gerufen hat: „Lasst die Kinder zu mir kommen; hindert sie nicht daran! Denn Menschen wie ihnen gehört das Reich Gottes. Und er nahm die Kinder in seine Arme, dann legte er ihnen die Hände auf und segnete sie" (Mk 10,14–16).
In schwierigen Lebenssituationen, im Wissen um sorgenvolle Stunden in der Begleitung des Neugeborenen lese ich bei der Taufe aus dem „Lied der Hoffnung" vor, das der Apostel Paulus den Römern geschrieben hat: „Wir wissen, dass Gott bei denen, die ihn lieben, alles zum Guten führt; bei denen, die nach seinem ewigen Plan berufen sind … Ist Gott für uns, wer ist dann gegen uns?" (Röm 8,28.31)

Zusage des offenen Himmels

In einer kurzen Ansprache, in der ich die Zusage der Liebe Gottes an das Kind deute, spreche ich oft auch davon, dass mit der Taufe der Himmel für das Kind geöffnet wird.
Kinder haben die Fähigkeit, aus den Erwachsenen die Kraft der Liebe herauszulocken. Das ist im Grunde genau das, was auch das Kind von Bethlehem uns ans Herz legt. Ein Kind bittet um die Liebe der Eltern, um Schutz und Geborgenheit, Nahrung und Leben. Jedes Kind kommt mit einer Botschaft der Liebe auf die Welt, auch wenn ein Kind mit einer Behinderung geboren wird. Kinder sind immer ein Geschenk der schöpferischen Liebe.
Taufe ist mehr, als nur Segen zu sprechen. Taufe heißt, das Kind wird hineingenommen in die Lebenswirklichkeit Gottes. Das Kind soll die dreifaltige Beziehung von Vater, Sohn und Heiligem Geist spüren. Oder anders: Mit der Taufe öffnen wir dem Kind den Himmel, und der ist dann für immer offen. Was wir tun bei der Taufe, hat also Ewigkeitswirkung. Es ist für mich immer aufregend, ein

Kind zu taufen, weil ich damit an einem Menschen etwas vollziehe, was nicht mehr zurücknehmbar ist, was jemand auch nicht ablegen kann, weil es ein Aufmachen des Tores in die Herrlichkeit Gottes hinein bedeutet. Ein Leben lang haben deshalb die Getauften den Nicht-Getauften den Himmel voraus, weil sie jetzt schon in der Welt Gottes leben können, die unendliche Liebe und tiefes Umfangen unseres menschlichen Lebens ist.

Kreuzzeichen

Alle Mitfeiernden sind innerlich tief berührt, wenn sie eingeladen werden, dem Kind in der Feier ein Kreuzzeichen auf die Stirn zu machen. Sie drücken damit aus, dass das Kind zur Gemeinschaft der durch die Taufe Erlösten gehören soll. Das Kreuz ist ja das Zeichen der erlösenden Liebe, in die wir hineingenommen sind. Wir sprechen mit dem Kreuzzeichen Segen zu und wünschen, dass Gott dem Kind Schutz und Hilfe schenken möge. Wir wollen mit dem Kreuzzeichen zeigen, dass das Kind zu Jesus Christus gehören soll.

Manchmal ist es das erste Mal, dass Großeltern oder Geschwister, ja auch die Angehörigen dem Kind dieses Zeichen des Segens zusprechen. Ich empfehle bei jeder Tauffeier den Eltern und den Angehörigen, dies auch in Zukunft fortzusetzen und mit dem Kreuzzeichen die Kinder zu segnen. Indem sie nämlich Segen zusprechen mit dem Zeichen des Kreuzes erinnern sie, dass unser Leben dieses Zeichen der Erwählung und Erlösung trägt, das heißt, gutgeheißen und angenommen, von Gott geliebt und getragen wird, auch in Leidsituationen, auch dann, wenn das Leben durch manche Vorkommnisse durchkreuzt wird.

Wir werden getauft auf den Tod Jesu Christi, der am Kreuz sein Leben für uns hingegeben hat. Durch ihn haben wir teil an der Erlösung und an der Auferstehung. Für Christen ist das Kreuz auch ein Zeichen des Lebens, das oben und unten, links und rechts umspannt, also jeden Raum und Ort unseres Lebens und auch die ganze Welt.

Fürbitten und Allerheiligenlitanei

In großen Fürbitten und in den Anrufungen der Heiligen wird den Mitfeiernden bei der Taufe deutlich, dass das Kind durch die Taufe in die Gemeinschaft der Heiligen aufgenommen wird. Es hat in diesen Heiligen Vorbilder und Menschen zur Seite, deren Leben geglückt ist. Heilige sind konkrete Glaubenszeugen und unsere Fürsprecher bei Gott. Wir sind mit ihnen auch über den Tod hinaus verbunden. Wenn wir auf sie schauen, sehen wir, wie ihnen Gottes Gnade geschenkt wurde und wie ihnen der Glaube geholfen hat. Mit den Heiligen stehen wir vor Gott, in Gemeinschaft mit ihnen sind wir Kirche.
Die Namenspatrone des Täuflings und aller Mitfeiernden können bei dieser Anrufung der Heiligen genannt werden. Dadurch wird die Aufzählung der Heiligen verbunden mit einer sehr persönlichen Bitte um Weggeleit und Fürsprache für die bei der Taufe Anwesenden. So könnte man bei der Vorbereitung auf die Taufe, vor allem im Taufgespräch, die Namenspatrone zusammenstellen, die den Eltern wichtig sind, damit sie auch in der kleinen Allerheiligenlitanei angerufen werden. Man könnte auch einzelne Fürbitten formulieren und Anliegen sagen lassen, die dann in das Gebet bei der Taufe mit hineingenommen werden sollen.

Salbung mit Katechumenenöl

Katechumenen sind die zur Taufe Aufgenommenen, die von der Kirche zugelassen wurden zur Taufe. Der Täufling wird mit Katechumenenöl gesalbt, damit die Kraft Christi ihn stärke. Diese Salbung könnte man auch beim Taufgespräch in den Wohnungen in einer kleinen Hausliturgie spenden und so deutlich machen, dass das Kind zur Taufe von der Kirche erwählt ist und zur Taufe begleitet wird.

Anrufung Gottes über dem Wasser beim Taufbrunnen

Die Taufe findet normalerweise beim Taufbrunnen statt. Dort versammeln sich die Eltern mit den Paten um den Täufling. Der Taufspender erinnert, dass Gott durch das Sakrament des Wassers die Fülle seines Lebens schenken will. Er bittet, dass Gott dem Wasser die Kraft des Heiligen Geistes schenken möge, damit der Mensch, der auf sein Bild hin geschaffen ist, „neue Schöpfung" werde aus Wasser und Heiligem Geist.

Absage an das Böse

Die Eltern und Paten versprechen bei der Taufe, dass sie sich allem Bösen und Satanischen im Leben widersetzen werden. Es strömt ja vieles auf den Menschen ein, was die Seele verdunkelt und das Herz betrübt. Immer wieder muss der Mensch sich schützen vor den zerstörerischen Kräften der Feindseligkeit und der Wut, des Hasses und des Unfriedens. Kinder spüren sehr sensibel, ob die Eltern in Frieden und im Guten miteinander leben oder ob eine Atmosphäre der Konflikte und der Unversöhnlichkeit vorherrscht. Dieses bewusste Nein der Eltern und Paten dem Bösen gegenüber ist ein notwendiger und ausdrücklicher

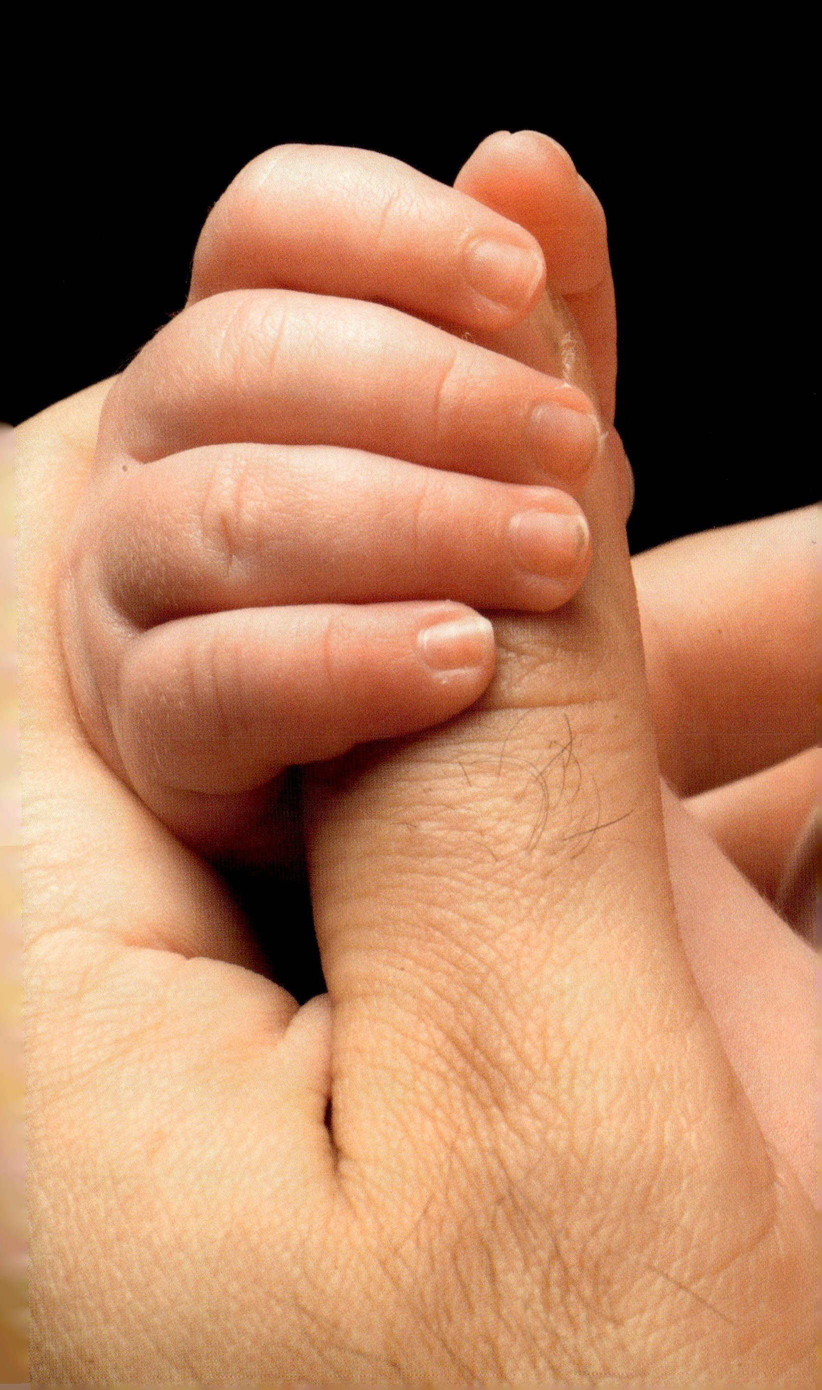

Ins Leben eintauchen und Halt finden, Geborgenheit und Wärme spüren, das wünschen wir Menschen uns. Wir sehnen uns von Anbeginn unseres Lebens nach einer viel größeren Liebe und Geborgenheit, aus der wir kommen und zu der wir gehen. Am Beginn des Lebens zu erleben, dass wir nicht alleine sind, gehört zu den ersten Liebeserfahrungen des menschlichen Daseins.

Schritt für die Hinwendung zum Guten im Interesse und zum Wohl des Kindes.

Glaubensbekenntnis

Bevor ein Kind getauft wird, ist es wichtig, dass die Eltern und Paten sich zum Glauben bekennen und ganz bewusst ein persönliches Bekenntnis zum Glauben an den dreifaltigen Gott ablegen. Der Glaube ist eine persönliche Bindung an Gott und die freie Zustimmung zu seinem „Programm" des Heils, zu seiner Liebe und der von ihm geoffenbarten Wahrheit. Es ist die Anerkennung, dass Gott der Schöpfer des Lebens ist und uns in Jesus Christus seinen Sohn geschenkt hat. Wir können an Jesus Christus glauben, weil er selbst Gott ist. Er hat uns von Gott Kunde gebracht. Er sagt uns, wer Gott ist und wer nicht Gott ist. Für den Christen hängt der Glaube mit dem Glauben an Jesus Christus untrennbar zusammen. Und wer sagt uns, wer Jesus ist? Es ist der Heilige Geist, der uns offenbart, wer Jesus ist. Wir glauben an den Heiligen Geist, weil er Gott ist. Die Kirche bekennt ihren Glauben an den einen Gott, den Vater, den Sohn und den Heiligen Geist. Auf diesen Glauben hin wird das Kind getauft.

Übergießen mit Wasser

Wenn der Kopf des Kindes mit Wasser übergossen wird und der Taufspender sagt: „Ich taufe dich auf den Namen des Vaters und des Sohnes und des Heiligen Geistes", dann wird das Kind hineingenommen in die Gemeinschaft des dreifaltigen Gottes. Wasser ist das Sinnbild des ursprünglichen Lebens. Es ist auch schon im Mutterleib mehr als nur das „Fruchtwasser". Durch die Segnung des Wassers ist der Heilige Geist gleichsam herabgestiegen und hat es verwandelt in ein „göttliches Leben". In dieses gesegnete Wasser wird das Kind hineingetaucht und durchdrungen von der vergöttlichenden Kraft des Wassers. So nimmt das Kind am Leben Gottes teil und wächst hinein in Gott, der „in sich unendlich vollkommen und glücklich" ist (vgl. Katechismus der katholischen Kirche, Nr. 1).

Salbung mit Chrisam

Das Kind wird nach der Taufe mit einem vom Bischof der Diözese geweihten, wohlriechenden Chrisamöl gesalbt. Das bedeutet, dass dem Täufling der Heilige Geist geschenkt wird. Das Kind ist Christ geworden, d. h. ein durch den Heiligen Geist „Gesalbter". Es ist so verbunden mit Christus. Christus heißt ja übersetzt: der Gesalbte. Der Täufling wird wie Christus zum Amt des Königs, Priesters und Propheten gesalbt.

Taufkerze

Bei den Tauffeiern lasse ich immer den Vater des Kindes an der brennenden Osterkerze die Taufkerze entzünden. Die Osterkerze ist das Zeichen für den auferstandenen Christus. Es ist das Licht, das uns durch die Kreuzesnägel an der Osterkerze daran erinnert, dass Christus selbst der Verwundete und der Auferstandene ist. Wir sehen das Licht. Er zeigte sich selbst an Ostern den Jüngern und zeigt uns heute durch die Osterkerze die Wundmale der Nägel. In diesem „genagelten" Licht spüren wir, was das Leben bei allen Schmerzen und bei aller Mühsal bedeuten kann: Es gibt mit allen Verwundungen und Narben des Körpers, der Seele und des Geistes eine Wandlung in Herrlichkeit. Im Osterlicht werden also alle unsere menschlichen Er-

fahrungen und Erlebnisse, die guten wie die schweren, durchsichtig und verklärt.
Wenn der Vater oder die Mutter des neu getauften Kindes das Licht von der Osterkerze holt, dann bringt er oder sie das Licht mit dem Wunsch, dass das Kind dem letzten Glück des Lebens, dem Auferstandenen begegnen soll. Das neu getaufte Kind soll mit diesem „Licht mit den Wundmalen" die Hoffnung erhalten, dass bei aller Traurigkeit des Lebens dennoch die Arme des Gekreuzigten offen bleiben für die uns Menschen bergende und aufrichtende Umarmung, für ein Umfangen-Werden also, das über den Tod hinaus in das unvergängliche Glück führt.
Wenn Geschwister des neu getauften Kindes bei der Tauffeier anwesend sind, dann gibt der Vater oder die Mutter das Licht von der Taufkerze des neu getauften Kindes weiter an die Geschwister und anderen Kinder, die ihre Taufkerzen mitgebracht haben. Jede Taufe ist also auch eine gute Gelegenheit, die Taufkerzen der Kinder wieder hervorzuholen, sie mitzutragen und ihnen deutlich zu machen, wenn ein Kind geboren wird, werden auch andere Kinder dadurch ins Licht gestellt. Wenn ein Kind geboren wird, dann kommen Licht und Freude ins Haus und in die Familie. Das bedeutet Glück, Hoffnung und Zukunft. Dieses Glück leuchtet im Symbol der Taufkerze auf und verschenkt sich den anderen weiter. Und so dürfen dann alle, die bei der Taufe mitfeiern, im Lichtschein der Osterkerze stehen.

Weißes Kleid

Wenn dem Neugetauften ein weißes Kleid angezogen wird, sagt der Taufspender: „Dieses weiße Kleid soll dir ein Zeichen dafür sein, dass du Christus angezogen hast. Bewahre diese Würde für das ewige Leben." Das sind eine sehr beeindruckende Zusage und eine besondere Form des Ausdrucks der Schönheit des Christseins. Manchmal werden dazu die weißen Taufkleider von einer Generation zur nächsten weitergegeben, die Namen der Neugetauften eingenäht, besondere Symbole der Familie eingestickt.

Segen der Eltern und des Neugetauften

Es ist ein besonderer Augenblick, wenn ich bei der Taufe die Eltern und Paten bitte, mit dem Neugetauften bis zum Hochaltar und Tabernakel mitzugehen und ihr Kind dort auf ein eigens vorbereitetes Kissen zu legen. Das ist eine sehr tiefe Geste, die den Eltern deutlich macht, dass ihr Kind Gott anvertraut, behütet und in seiner Nähe ist. Die Mutter hat dann die Hände frei, um den Segen Gottes zu empfangen. Früher ist die Mutter dafür zu einem eigenen Ritus des Segens in die Kirche gekommen. Der feierliche Segen am Ende der Tauffeier erfüllt die Eltern, die Paten und das neu getaufte Kind mit der Liebe Gottes und stärkt sie in ihrer Leben fördernden Liebe. Im Segensgebet über den Vater des Kindes wird Gott als Schöpfer des Lebens angesprochen und gebeten, dass er dem Vater helfe, gemeinsam mit der Mutter Zeuge des Glaubens für sein Kind zu sein. Manchmal sprechen auch die Paten noch ein persönlich formuliertes Segensgebet für das Kind, bevor der Priester dann das neu getaufte Kind segnet und wieder in die Arme der Mutter zurücklegt.

Das Sakrament der Firmung

Am Abend dieses ersten Tages der Woche,
als die Jünger aus Furcht vor den Juden die
Türen verschlossen hatten, kam Jesus,
trat in ihre Mitte und sagte zu ihnen:
Friede sei mit euch!
Nach diesen Worten zeigte er ihnen seine
Hände und seine Seite. Da freuten sich die
Jünger, dass sie den Herrn sahen.
Jesus sagte noch einmal zu ihnen: Friede sei
mit euch! Wie mich der Vater gesandt hat,
so sende ich euch.
Nachdem er das gesagt hatte, hauchte er
sie an und sprach zu ihnen: Empfangt den
Heiligen Geist!
Wem ihr die Sünden vergebt, dem sind sie
vergeben; wem ihr die Vergebung verweigert,
dem ist sie verweigert (Joh 20,19–23).

Am Ostertag steht Jesus vor denen, die von ihm schwer enttäuscht sind. Sie haben sich eingeschlossen, sie haben Angst. Er aber schenkt ihnen ein Wort des Friedens, er verurteilt sie nicht. Die Jünger werden mit seinen Wunden konfrontiert. Hinter verschlossenen Türen müssen sie die Spuren des Lebens, der Unmenschlichkeit, des Todes ansehen und aushalten. Sie können das ertragen, weil er ihnen den Frieden zuspricht, ihnen seinen Geist schenkt und sie mit Leben beatmet. Dadurch werden die Menschen hinter verschlossenen Türen aus ihrer Angst herausgeholt. Sie bekommen wieder Luft und neuen Lebensatem. Jesus „hauchte sie an und sprach zu ihnen: Empfangt den Heiligen Geist!" (Joh 20,22). Mit dieser neuen Lebenskraft sendet der Auferstandene die Jünger in die junge Kirche, indem er zu ihnen sagt: „Friede sei mit euch! Wie mich der Vater gesandt hat, so sende ich euch" (Joh 20,21). Der geisterfüllte Mensch soll für das Leben und die Vergebung der Sünden Zeugnis geben. Sie, die den Lebensatem der neuen Schöpfung geschenkt bekommen haben und nun in sich tragen, sollen in Frieden mit dem Geist des Auferstandenen die Welt durchatmen. Sie sollen im Geist des Auferstandenen die Botschaft vom Leben zu den Menschen bringen.

Christen mit dem Geist Gottes stärken

Das Wort Firmung leitet sich ja vom lateinischen Wort „firmare" ab und bedeutet „stärken, verstärken und festigen". Anselm Grün sagt deshalb: „Die Firmung möchte den jungen Menschen in seinem Christsein bestärken und ihm durch den Heiligen Geist Stehvermögen vermitteln, damit er in dieser Welt zu sich selber stehen lernt, damit er seinen Standpunkt findet und in einer oft geistlosen

Welt aus der Kraft des Heiligen Geistes leben kann. In der Taufe sind wir im Wasserbad des Heiligen Geistes neu geboren worden. In der Firmung werden wir in unserer neuen Existenz bestärkt, damit wir uns nicht vom Geist dieser Welt leiten lassen, sondern vom Geist Gottes. Wir erhalten Anteil an der Kraft des Geistes, damit wir der Welt keine Macht über uns geben, sondern sie nach Gottes Willen gestalten" (Die Firmung, Seite 15).

Firmen bedeutet also, den Christen mit dem Geist Gottes im Glauben zu stärken. Stärken bedeutet, ihn stützen und unterstützen, dass er in großer menschlicher Verantwortung, als mündiger Christ, sich äußern und bestehen kann. Firmung heißt aber auch Besiegelung und Bestätigung der Gnade, die bei der Taufe dem Christen geschenkt wurde. Mit der Firmung wird erwartet, dass der Christ sich als mündiger Christ äußert, seinen Mund auftut, nicht nur, um überall mitzureden, sondern um jene im Heiligen Geist geschenkte Liebe zur Kirche und zu ihrer Tradition und Offenbarung klug und furchtlos zu verkünden und in Wort und Tat zu bekennen. Es geht bei der Firmung um die Befähigung zur Mündigkeit, das heißt zur erwachsenen Begegnung mit Gott, der den Menschen durch seinen Geist begleitet. Firmung hat immer auch eine soziale Bedeutung und schafft „soziale Kompetenz", die vor allem in der Kraft des Heiligen Geistes mitgeteilt wird und so auch die natürlichen Fähigkeiten des Menschen aufnimmt und in den Dienst nimmt für die Bezeugung des Evangeliums. Mit der Firmung wird der Empfänger des Sakramentes also nicht nur „mündig" und für seinen Glauben verantwortlich; sein Glaubensleben wird damit auch „öffentlich", er tritt mit der Firmung gleichzeitig aus dem bisherigen Schutzraum der Familie, der Kindheit und frühen Jugend heraus und steht mit seinem Glauben nach der Firmung in der Kirche und mit ihr in der Öffentlichkeit und in der Welt.

Sein Herz öffnen

Das Einzige, was vom Firmling verlangt wird, ist, dass er sein Herz aufmacht und bereit ist, Gott zuzulassen in seinem Leben als innere Wegweisung und Führung, dass er sich sagt: „Gott, du darfst mich berühren und leiten nach deinem Willen. Du darfst mein Wegbegleiter und mein Wegweiser sein." Der neu gefirmte Mensch wird – wie die Jünger und Apostel – zum Mitarbeiter Jesu Christi für das Reich Gottes.

Zuspruch von Reife – Herausforderung für die Pfarrgemeinde

In der Firmung wird dem jungen Menschen eine Reife zugesprochen, die sich im Laufe seines Lebens noch entfalten soll. Wie der Einzelne sein „Ja" zu Christus und sein Eingehen auf den Heiligen Geist entfaltet, ist sicher eine Frage des geduldigen Übens, der Gelassenheit und auch der religiösen Praxis. Viel wird davon abhängen, ob die Neugefirmten in ihren Pfarrgemeinden, in ihrer Verwandtschaft, in ihrem Freundeskreis in der Freude über die Kraft des Heiligen Geistes aufgenommen und begleitet werden. Jede Firmung ist eine Herausforderung für die Pfarrgemeinde, mit den Gaben des Geistes Gottes, die in den jungen Menschen da sind, zu arbeiten.

Vollendete Taufgnade

Die Meisten, die zum Sakrament der Firmung kommen, sind in den ersten Monaten ihres Lebens getauft worden.

Es ist deshalb sehr verbreitet, das Sakrament der Firmung als persönliche Bejahung und Vollendung der Taufgnade zu sehen.
Es ist gut und hilfreich, den jungen Menschen dafür zu gewinnen, dass er mit zunehmendem Heranreifen auch zu sich selbst und seinem Glauben stehen lernt. Die Firmlinge sollen sich ihrer Persönlichkeitsentwicklung und ihrem Alter entsprechend so vorbereiten können, dass sie die Vollendung ihrer Taufgnade verstehen und annehmen lernen. Durch die Firmvorbereitung und das heilige Sakrament der Firmung sollen sie ihren Platz und ihre volle Identität als Glieder der Kirche, der sie seit der Taufe angehören, finden. Die heutige Firmvorbereitung in verschiedenen „Firmclubs", Gemeinschaften und in Projektgruppen versucht deshalb, in lebendiger Erfahrung die Jugendlichen einsehen und erkennen zu lassen, dass es beim Christsein um die Zuwendung Gottes geht. Die Antwort auf Gottes Initiative wird in der Entfaltung verschiedener Formen der Gottesliebe, der Nächstenliebe und der damit verbundenen Liebe zu sich selbst erlebbar. Deshalb ist es hilfreich und eindrucksvoll, wenn Jugendliche während der Firmvorbereitungszeit Kranke und ältere Menschen besuchen, wenn sie sich am liturgischen und sozialen Leben der Pfarrgemeinde und an der christlichen Glaubensverkündigung beteiligen und sie auch in Spezialgebieten der Seelsorge (z. B. im Krankenhaus, in der Bildungsarbeit oder im Gefängnis) erleben können, wie umfassend und vielfältig die Kirche ihren Auftrag wahrnimmt, mit Jesus Christus zu den Menschen unterwegs und im Namen Gottes für sie da zu sein.

Zeichen der Liebenswürdigkeit Gottes

Die Eltern haben oft ihre Probleme mit den heranwachsenden Kindern. In der Schule sind sie manchmal ganz anders als zu Hause. In der Gruppe gleichaltriger Heranwachsender schließen sich Jugendliche oft auch in einer Protesthaltung zusammen gegen die Welt der Erwachsenen und Eltern mit ihren Forderungen und Erwartungen. Sie werden in dieser Entwicklungsphase als „schwierig" und „unerträglich" erlebt. Vielleicht schenkt besonders in dieser Zeit die Firmung als die vorbehaltlose Zusage Gottes zum Menschen auch den schon Erwachsenen einen anderen Zugang zu diesen jungen Menschen. Jugendliche können miteinander zum Beispiel in der Gruppe bei der Firmungsvorbereitung wieder entdecken und erfahren, dass sie, selbst wenn sie in schwierigen Situationen stecken und den Erwachsenen viele Schwierigkeiten machen, von Gott in Jesus Christus unendlich geliebte und deshalb liebenswerte Menschen sind. Die sich noch entwickelnden Menschen brauchen ja in dieser Zeit des Übergangs von der frühen Jugend ins Erwachsenwerden viel Verständnis von außen, immer wieder auch ein Zeichen der Anerkennung ihrer Liebenswürdigkeit, oft ein gutes, ermutigendes Wort und die zuversichtliche Bestätigung, dass sie ihren Weg im Guten finden werden. Wichtig ist gerade in der Vorbereitung auf die Firmung, dass den jungen Menschen in diesem Alter wohlwollende Aufmerksamkeit geschenkt wird und jene Wertschätzung, die dem jungen Menschen helfen kann, all seine Begabungen, seine Gefühle und seine Stimmungen anzunehmen und zu entfalten. Diese jungen Menschen wollen ja meist nicht mehr verwöhnt, sondern aufrichtig ernst genommen werden. Durch die Begleitung Jugend-

licher in dieser, für die Eltern und Erwachsenen oft so anstrengenden Lebensphase wird deutlich und erfahrbar, dass die Kirche ein Augenmerk für Menschen hat, die in dieser Phase ihrer Entwicklung und Neuorientierung begleitende Fürsorge und Liebenswürdigkeit geschenkt bekommen sollen.
Wir Menschen kennen das Wechselspiel von Zuwendung und Liebesentzug. Gott aber ist immer ein aufrichtender, zugewandter und liebender Gott. Er sagt oder verlangt nicht, dass wir zuerst etwas leisten müssten, damit er uns dann lieben kann. Gott setzt uns nicht in „Bringschuld" oder unter Druck. Denn, so sagt die Heilige Schrift im Johannesbrief: „Nicht darin besteht die Liebe, dass wir Gott geliebt haben, sondern dass Er uns geliebt und seinen Sohn gesandt hat als Sühne für unsere Sünden" (1 Joh 4,10). Gott hat uns also zuerst, von Anfang an geliebt und nie davon abgelassen. Er ist uns mit seiner Liebe treu geblieben.
Im Buch der Weisheit 11,23–26 wird diese verlässliche, menschen- und lebensfreundliche Liebe Gottes gepriesen mit den Worten: „Du hast mit allen Erbarmen, weil du alles vermagst, und siehst über die Sünden der Menschen hinweg, damit sie sich bekehren. Du liebst alles, was ist, und verabscheust nichts von allem, was du gemacht hast; denn hättest du etwas gehasst, so hättest du es nicht geschaffen. Wie könnte etwas ohne deinen Willen Bestand haben, oder wie könnte etwas erhalten bleiben, das nicht von dir ins Dasein gerufen wäre? Du schonst alles, weil es dein Eigentum ist, Herr, du Freund des Lebens."

Leben der christlichen Gemeinde entdecken

Während der Firmvorbereitung in der Gruppe der Gleichaltrigen in der Schule und in der Pfarre entdeckt der Firmling für sich und mit den anderen die gemeinschaftliche Dimension des kirchlichen Lebens und Glaubens. Der junge Mensch kann darüber mit anderen sprechen, sich austauschen und auch diskutieren. Er kann überlegen, Ideen und Vorschläge entwickeln, wie der christliche Glaube und das kirchliche Leben in Gemeinschaft gestaltet werden können. Die Firmlinge sollen in der Vorbereitung aber auch das Leben ihrer christlichen Gemeinde entdecken und Kontakt finden zu den Mitgliedern ihrer Pfarrgemeinde. So können sie ihre Pfarrgemeinde neu erleben und erfahren, wer die Mitverantwortung trägt im Pfarrgemeinderat, wer die verschiedenen Hilfsdienste organisiert und leistet, wer in der Pfarre eine bestimmte Aufgabe oder ein bestimmtes Amt ausübt. Beim Besuch kranker und alter Menschen wird ihnen in der Freude über ihren Besuch, im Schweigen und im Gebet der Kranken und Leidenden der Sinn der Gemeinschaft und die Bedeutung der Solidarität füreinander aufgehen. Sie werden dann auch verstehen, was gemeint ist, wenn in der Feier der Firmung unmittelbar vor dem Empfang dieses Sakramentes im besonderen Gebet die Gaben des Heiligen Geistes herabgerufen werden. Zu diesen Gaben gehören auch die Gabe des Trostes und des Rates, die ein großes Geschenk sind, das der Gefirmte empfangen hat für sich selbst und auch, um anderen Menschen in Krankheit, Leid und Not beizustehen und sie aufzurichten.

Gott ist gegenwärtig mit seiner aufrichtenden Liebenswürdigkeit. Er schenkt sie uns, und so können wir sie weiterschenken. Er hat ja auch die verschreckte Schar der

Firmung heißt auch, dass für Gottes Geist nichts unmöglich ist. Gottes Geist wirkt auch dort, wo der Boden scheinbar ausgetrocknet ist und brach liegt. Die Chance sich vom Geist Gottes berühren zu lassen, um aufblühen zu können, ist die Liebeserklärung Gottes an die jugendlichen Christen. Den Erwachsenen ermöglicht dies staunend die jungen Menschen in einem anderen Licht zu sehen.

Jünger mit der Zusage des Friedens dazu bewegt, wieder hinauszugehen in die Welt und zu den Menschen. Fast alle waren sie bei der Kreuzigung von ihm gegangen, hatten ihn „im Stich gelassen". Er hat in der neuen, unerwarteten Begegnung mit ihm als Auferstandenem dann an Ostern seine Jünger nicht gefragt: „Freunde, wo seid ihr gewesen? Ich habe euch nicht mehr gesehen." Nein, er kam immer wieder „in ihre Mitte", gleich nach seiner Auferstehung, auch „bei verschlossenen Türen", um sie zu trösten, sie aufzurichten und in ihre neue Aufgabe einzuführen, wie uns das Osterevangelium erzählt.

Mit dieser Zusage des Friedens und dem Atem Gottes, der ihnen von Jesus Christus, dem Auferstandenen, zugehaucht wurde, gehen die Jünger dann hinaus, durchwandern vom Heiligen Land aus die Länder des Mittelmeerraumes bis nach Rom und verkünden „der ganzen Welt" das Evangelium.

Als Getaufte und Gefirmte gehören wir in diese Sendung, in dieses Programm der Frohen Botschaft, die durch die Kirche auf der ganzen Welt verkündet werden soll. Wir sind hineingenommen in die Zusage des Friedens, d. h. in das Friedensprogramm Gottes und der Kirche, in das Programm der Hoffnung für die ganze Welt. So dürfen wir bei jeder Firmung den Jugendlichen zusprechen, was Papst Benedikt XVI. bei seiner ersten Predigt auf dem Petersplatz verkündete: „Liebe Jugendliche, ihr seid die Zukunft und Hoffnung der Kirche und der Menschheit und ich setze mit euch den Dialog fort, in dem ich eure Erwartungen anhöre in der Absicht, euch zu helfen, damit ihr dem lebendigen, dem ewig jungen Christus begegnet."

Eintauchen in die Fülle des Lebens

Wir leben heute nicht nur in einer Spaßgesellschaft, sondern (wie der Kultursoziologe Gerhard Schulz sagt) auch in einer Erlebnisgesellschaft. Wir nehmen dadurch teil an gesellschaftlichen Trends und Vorgängen, die fast alle eingestellt sind auf „Erleben", angefangen vom Lernen in Schule, Studium und Beruf bis hin zu unseren persönlichen Erwartungen für Glück und Zufriedenheit. Viele Jugendliche sind mit diesem Programm groß geworden und leben nach dem Motto: „Erlebe dein Leben." Diese Lebenseinstellung, die sich am Erlebnisgewinn orientiert, stellt lange bewahrte Lebensvorstellungen, Ideale oder Werte früherer Zeiten und Generationen in Frage und verändert diese auch zunehmend.

Christen sind von Gott berufen und erwählt, in den Gegebenheiten des Alltags lebensfördernde Lösungen und tragfähige Antworten, die länger anhalten als kurzfristige Event-Erfahrungen, zu suchen und zu leben. Deshalb kann und sollte die Firmung als Chance begriffen werden, die Jugendlichen in die „Kunst des Lebens" einzuführen, in die Kunst, wirklich und intensiv zu leben und sich weniger von außen steuern zu lassen und tun zu müssen, was angeblich „in" ist.

Diese Einführung und Hinführung zum Leben müsste sowohl tiefere Erfahrungen des Lebens wie auch des Glaubens und der religiösen Lebensgestaltung vermitteln, um über die Oberflächlichkeit und Kurzweiligkeit von gewöhnlichen Erlebnissen und Events hinauszuführen. Es gibt dazu verschiedene Initiativen in unseren Pfarrgemeinden wie Firmungswochenenden, Ferienlager mit den Kandidatinnen und Kandidaten für die heilige Firmung, gemeinsame Projekttage oder das oftmalige

Versammeln in der Krypta einer Kirche oder in einer vertrauten Kapelle, um zu meditieren und in der angenommenen und empfangenen Stille in sich hinein, auf die anderen und in allem auf Gott zu hören. Es gehört ja zum Erwachsenwerden auch das Schweigen-Lernen und das Alleinsein-Können dazu.

Aus Rückmeldungen ist mir bekannt, dass Jugendliche dabei sehr tiefe Eindrücke empfangen und religiöse Erfahrungen machen. In ihren sonstigen Lebens- und Erlebnisgewohnheiten ist ihnen solches bisher oft noch nicht zuteil geworden. Ähnliches können sie auch erfahren, wenn sie in „Gottes freier Natur" unterwegs sind, sich also in der Schöpfung Gottes erleben und wahrnehmen und so auch ganz nahe mit ihrem Leib in Berührung kommen. In vielen Gesprächen während der Vorbereitung auf die Firmung werden Fragen der eigenen Identität besprochen und geklärt, wie zum Beispiel die Frage: Wer bin ich? Bin ich nur der Sohn oder die Tochter dieser Eltern? Wodurch bin ich einmalig? Wie sieht das Bild Gottes aus, dem ich gleich sein und werden soll? Was fühle ich? Was denke ich, wenn ich mich nicht nur nach den anderen richte oder an das „Übliche" anpasse? Was sind die Träume und Sehnsüchte meines Lebens? Bin ich nur jemand, wenn andere um mich herum sind, wenn andere mich bestätigen, oder kann ich auch „für mich sein" und da sein für Gott und für andere?

Zeiten des Aufatmens

Bei der Firmung hoffe ich, dass jede und jeder, die/der gefirmt wird, Gott in seiner eigenen Sprache hören und wahrnehmen kann, dass Gott so „zu Herzen" gehen und kommen kann. Das Programm, das Gott für die Welt

hat, ist ein Lebensprogramm. Es verspricht nicht so sehr schnelle Erlebnisse, die heute aufflammen und morgen vorbei sind. Es verspricht und gibt „Fülle des Lebens" jetzt und in Zukunft. Es ist nicht nur ein Überlebensprogramm, mit dessen Hilfe wir irgendwie „durchkommen", wenn uns schwer ums Herz ist, sondern ein Lebensprogramm „in guten und in schweren Zeiten". Gott möchte, dass wir das Leben haben und es in Fülle haben (Joh 10,10). Mit der Firmung soll also das eintreten, was der heilige Petrus in seiner Predigt in der Apostelgeschichte freimütig verkündet hat, nämlich, dass „Zeiten des Aufamtens kommen" (vgl. Apg 3,19–20).
Der „Herr der Zeiten" ist Gott selbst, „sein ist die Zeit" in Jesus Christus. „Sein ist die Zeit" sind auch die Worte, mit denen die Kirche in der Osternacht die Osterkerze segnet und weiht und verkündet, dass Jesus Christus das „Licht der Welt" ist. Mit diesem Licht Jesu Christi werden dann die Christen in die Welt gesandt, um in der Finsternis der Welt selbst Licht zu sein (vgl. Mt 5,13–16).
Viele Menschen beklagen sich ja auch, dass sie „so wenig Zeit haben". Diese Zeit ist eine Zeit „des Aufatmens", in der wir wieder belebende Luft in unsere oft belasteten leiblichen, seelischen und geistigen „Atmungsorgane" bekommen, trotz und in aller Erschöpfung und Verengung des Herzens, der Seele und des Geistes. Das können und müssen wir nicht „aus uns selbst" machen oder allein bewerkstelligen. „Der Herr der Zeiten … sendet Jesus." Mit der Kirche dürfen wir glauben: Gott hat uns Jesus Christus gesandt. Deshalb sind wir in diesem Erneuerungsprogramm Gottes nicht auf uns allein gestellt oder ohne jeden Beistand gelassen. In Jesus Christus sind uns die Gegenwart Gottes und die Zukunft geschenkt. Er ist

der für uns bestimmte Messias. Das bedeutet, dass Gott da ist und kommen wird, dass wir also nicht von Gott und seinem Heiligen Geist verlassen sind.

Salbung ist Zeichen der Heilkraft

Was bei der Taufe grundlegend und als Anfang des Lebens in und mit Christus deutlich und erfahrbar wird, das findet nochmals einen besonders hervorgehobenen Ausdruck bei der Firmung, wenn es darum geht, den jungen Christen mit duftendem Salböl, dem Chrisamöl, zu stärken. Gerade in der heutigen Zeit, in der die Salbung und die Salbungsmittel wieder einen besondern Heil-, Hygiene-, Schutz- und Erlebniswert gefunden haben, ist es leicht, verständlich zu machen, dass gerade bei der Feier der Sakramente die Salbung ein Zeichen der Heilkraft bedeutet. Die Salbung desinfiziert die Wunden, macht die Haut widerstandsfähig, schützt gegen Infektionen und gegen Allergien. Sie hilft nach einem Sonnenbrand, den Körper wieder gut zu behandeln. Die Salbung ist nicht nur etwas für die körperliche Oberfläche, sondern soll tief eindringen und so den ganzen Körper stärken.
Für die Ringer und Kämpfer bedeutet die Salbung immer auch Schutz gegen verletzende Angriffe und vor den zupackenden und fesselnden Griffen des Gegners. Die gesalbte Haut eines Ringers macht ihn glatt und unangreifbar. Er kann sich so leichter aus der Umklammerung des Gegners herauswinden.
Die Salbung bedeutet für den Menschen aber auch eine Auszeichnung mit einem guten Duft, damit ihn die anderen „riechen" können und er auch die anderen wieder „riechen", d. h. ausstehen, aushalten und liebenswürdig finden kann.

All das schwingt mit, wenn wir bei der Firmung vom duftenden Salböl sprechen und den jungen Christen mit diesem Symbol für Gesundheit, Schönheit und Stärkung auszeichnen und ihm so die bleibende Zuwendung Gottes zusprechen.

Durch Salbung Christus angehören

Durch die Herabrufung des Heiligen Geistes und die anschließende Handauflegung wird der Firmkandidat in einer Salbung mit wohlriechendem Öl (Chrisam) gefirmt und als Christ ausgezeichnet. Diese Salbung veranschaulicht auch gut den Namen „Christ". Ein Christ ist schon von der Taufe her und ausdrücklich auch durch die Firmung im wörtlichen Sinne ein „Gesalbter" geworden. Er ist auch darin ganz und gar mit Jesus Christus verbunden, den „Gott … *gesalbt* hat mit dem Heiligen Geist" (Apg 10,38). Durch diese Salbung wird der Firmling gleichsam wie Jesus selbst mit dem Siegel des Heiligen Geistes gestärkt. Dies bedeutet, dass man gänzlich Christus angehört, für immer in seinen Dienst gestellt ist, und auch, dass einem der göttliche Schutz in den verschiedenen großen Prüfungen des Lebens verheißen ist. „Denn", so heißt es weiter in diesem Bibelvers, „Gott war mit ihm." Und so ist er auch durch die Salbung mit Christus in der Firmung mit uns.

Öl als Zeichen des Wohlgeruchs Christi

Die Salbung mit Öl ist ein Zeichen der Heilkraft für uns persönlich und auch für unser soziales Leben miteinander. Das Öl, das bei der Firmung verwendet wird, ist Zeichen der Fülle, Zeichen der Freude. Es reinigt, wie bei einer Salbung, vor oder nach einem Bad und macht geschmei-

dig. Es ist ein Zeichen der Heilung, denn es lindert den Schmerz von Prellungen und Wunden. Es macht aber auch schön, gesund und kräftig.
Der heilige Paulus geht noch einen Schritt weiter, wenn er sagt: „Denn wir sind Christi Wohlgeruch für Gott unter denen, die gerettet werden, wie unter denen, die verloren gehen“ (2 Kor 2,15). Paulus wird sogar noch deutlicher: Wir sollen so auch „ein Duft von ewigem Leben“ sein, auch für die, die in Gefahr sind, verloren zu gehen, damit sie an uns den Duft Gottes wahrnehmen, von Gott wieder „angetan“ und angezogen sind und sich zu ihm hin bekehren können.
Die Salbung mit Öl wird bei Paulus also direkt mit Christus verbunden. Der Firmling soll „den Wohlgeruch Christi“ in die Kirche und in die Welt hinein ausströmen. Firmung ist deshalb die Ausgießung des Heiligen Geistes, wie sie am Pfingsttag den Aposteln geschenkt wurde, die dann mit großem Freimut und Überzeugungskraft die Botschaft von der Auferstehung verkündet haben.

Absage an das Böse – Schutz vor negativer Energie

Einer der bedeutsamsten Augenblicke des Glaubensbekenntnisses und des äußeren Ausdrucks des Gottvertrauens ist die Absage an das Böse und das Glaubensbekenntnis, das vor der Firmung von den Firmlingen und den Paten gesprochen wird. Was soll das bedeuten? Ich erläutere dies zum Beispiel gerne an einer Erfahrung, die besonders für die jungen Menschen heute eine Selbstverständlichkeit ist. Es ist wie beim Computer. Er braucht in seinem inneren Betriebssystem ein Anti-Viren-Programm. Durch diese bewusste geistliche Programmierung als Schutz vor dem Einfluss des Bösen wird das „Betriebssystem“ des

Menschen, sein Herz, seine Seele und sein Geist, vor den Angriffen des Bösen und vor den Auswirkungen negativer Kräfte geschützt. Bei den Computern ist es wichtig, dass ein solches Programm eingebaut ist und auch funktioniert, damit nicht von außen störende und zerstörende Informationen eindringen und so das Betriebssystem unbrauchbar machen. In der modernen Informationstechnologie spricht man auch von intelligenten Viren und „Schädlingen", die oftmals Sicherheitslücken und Schwächen des Betriebssystems und einzelner Programme ausnützen. So ist es auch mit dem Menschen. Er muss dafür sorgen, dass nicht jene Kräfte und „Informationen" in sein Herz, seine Seele, seinen Geist eindringen können, die sein Innerstes lahm legen, „verdunkeln", stören oder vernichten können.

Der Vergleich mit dem Anti-Viren-Programm in einem Computersystem ist ein aufschlussreiches Beispiel dafür, wie ein Christ jeden Tag immer wieder in sich selbst aufmerksam und wachsam die innerste Würde des menschlichen Lebens zu schützen und den innersten Raum seiner von Gott geschenkten Freiheit zu bewahren hat vor dem, was ihm schaden kann.

Wann immer wir den Computer einschalten und „hochfahren", wird auch das Anti-Viren-Programm mit aktiviert. Es ist damit eine „Firewall", ein wirksamer („feuriger") Zugangsschutz vorhanden. Bei den E-Mails, die dann ankommen, also bei den Mitteilungen und Informationen, die hereinkommen, steht dann immer als besondere Kennzeichnung, dass sie „Virus-geschützt" sind. Dieser notwendige technische Schutz bietet aber noch nicht automatisch und in jedem Fall eine hinreichende Sicherheit. Denn wenn eine E-Mail ankommt, von der ich

weder den Absender noch den Text kenne, sollte ich diese Nachricht sofort löschen. Ich selbst muss also auch zum Schutz meines Computers beitragen und darf nicht mit anonymen, infizierten oder „schmutzigen“ Informationen „herumspielen“.
Die Absage an das Böse ist also bildlich gesprochen das bewusste Anerkennen und Aktivhalten des Anti-Viren-Programms. Dies war für Christen von Anfang an wichtig. Sie beteten im „Vaterunser“: „Erlöse uns von dem Bösen“, sie glaubten und vertrauten darauf, dass sie durch Jesus Christus von allem Bösen erlöst und befreit worden sind und alles Böse keine Macht und Gewalt mehr über sie haben kann und soll. Sie bestärkten und ermutigten einander.
Auch heute, wo nicht nur junge Menschen vielen diffusen und undurchsichtigen Informationen und verlockenden Angeboten für das „wahre“ Leben ausgesetzt sind, ist es notwendig, sich und andere zu schützen vor dem, was der christlichen Botschaft und christlichen Lebensform widerspricht und dieser schaden kann. Solche fragwürdigen Rezepte und Heilsversprechungen können als viel verheißende Angebote und Methoden aus der Welt der „alternativen Religionen“, der Esoterik und New-Age-Bewegung auftreten. Bei den zunehmenden gesellschaftlichen und politischen Erscheinungsformen der Gewalt, des Terrors und anderer manifester Einflüsse des Satanischen und des Bösen ist die Gefahr sehr groß, dass junge, vertrauenswillige Menschen in Bereiche hineingezogen werden, denen sie nicht gewachsen sind und die ihre jugendliche Unversehrtheit an Leib, Seele, Herz und Geist manipulieren oder zerstören können. Die „Absage an das Böse“ in der Firmungsfeier ist deshalb – positiv ausgedrückt – ein be-

wusstes und entschlossenes Bekenntnis zur Wachsamkeit für das Gute.
Die „bewusste Absage an das Böse“ ist also eine Stellungnahme für die Freiheit und für den gnadenhaften Qualitätsstandard des Glaubens, der dem Gefirmten von der Kirche zugesprochen, zugetraut und als „kostbares Gut“ zur Bewahrung und Entfaltung anvertraut ist.
Mit der Firmung wird ein junger Christ von der Kirche ernst genommen in seiner Fähigkeit, in den Gegebenheiten des Lebens zu unterscheiden zwischen dem, was ihn in Jesus Christus mit Gott verbindet, und dem, was ihn von Gott entfremdet oder trennt.

Wirkkraft des Heiligen Geistes – aktiviertes Navigationssystem

Manche moderne Autos haben ein GPS-System. Viele kennen das. In einem solchen Auto sagt eine Stimme immer an, wohin man fahren soll. Man sieht diese Stimme nicht, aber man hört sie. Fahren muss man allerdings selbst. Das ist ein Sinnbild für die Wirkkraft des Heiligen Geistes. Der Heilige Geist sagt uns mit innerer Stimme immer wieder an, auf welchem Weg wir gehen sollen. Wir sehen ihn nicht, aber wir vernehmen seine Stimme. Der Heilige Geist ist es, der uns in unserem Leben die notwendige Grundorientierung gibt. Man kann beim Fahren gegenüber der Stimme im Auto auch andere Straßen wählen, andere Wege einschlagen. Dann wird es vielleicht im GPS-System einen sachlichen Hinweis geben, der sagt: „Wenn möglich, bitte wenden!“ Diese Stimme wird nie ungehalten oder ungeduldig, sondern sie wiederholt in gleich bleibender und freundlicher Tonlage: „Sie verlassen das vorgesehene Straßennetz. Wenn möglich, bitte wenden!“ An diesem Beispiel lässt sich auch die Wirkkraft des Heiligen Geistes erklären und verstehen. Er spricht uns an, wenn die Richtung falsch ist, aber er weist uns nicht zurecht. Er zwingt nicht und wendet auch keine Gewalt an. Der Heilige Geist ist die innere Stimme, die uns führt, die innere Dynamik, die uns auf das Ziel unseres Lebens hinweist und die behutsam die klare Orientierung anbietet und gibt, damit wir unser Ziel, die Vollendung in Gott, finden und erreichen.

Manchmal ist der Heilige Geist auch mit einem Autopiloten vergleichbar, den wir von den Flugzeugen her kennen. Wenn der Autopilot eingestellt ist, dann nimmt das Flugzeug den Kurs auf das programmierte Ziel. Dabei registriert er alle Abweichungen, die durch die Strömungen und die Luftbewegungen entstanden sind, und korrigiert sofort und „sanft“ wieder die Richtung. So kann das Flugzeug zeit- und ortgenau am vorgesehenen Ziel ankommen.

Statt des Flugzeugs könnte man auch eine Schifffahrt auf See als Beispiel nehmen. Die frühen christlichen Kirchenlehrer haben das Beispiel der Schifffahrt gerne verwendet, um den Weg der Christen im Glauben als Weg vom Ausgangshafen (Taufe) zum Zielhafen (ewige Seligkeit, vollendete Gemeinschaft mit Gott) darzulegen. Die mit dieser Seereise verbundenen Aufgaben, Risiken und Gefährdungen und besonderen Stationen (Sakramente) zur Rast, Stärkung, Belebung und Neuorientierung haben sie nicht verschwiegen. Die Firmung könnte man deshalb auch als „Zwischenhalt“ an einer wichtigen Hafenstation verstehen. Um das in der Taufe von Gott dem Menschen geschenkte Ziel bewusst und möglicherweise auch mit einer entscheidenden Kurskorrektur erreichen zu können, wird die Zielvorstellung nochmals überprüft, gefestigt (gefirmt) und bestätigt. So kann der Gefirmte auf dem Weg weitergehen und bleiben, den er schon seit der Taufe mit Jesus Christus gehen durfte. Die Firmung ist die Bestärkung und die Bekräftigung dessen, was in der Taufe den Menschen für immer und unvergänglich geschenkt wurde.

Pate/Patin – Wegweiser und Wegbegleiter

Viele werden zur Firmung von einem Paten oder einer Patin begleitet. Die Paten sind Wegbegleiter und, mehr noch, zunächst Wegweiser. Wegweiser sind oft in der Landschaft aufgestellt. Sie müssen fest stehen und klar die Richtung auf ein Ziel hin zeigen, das sie in Wort und Zeichen angeben. Die Wegweiser stehen meist an den Wegkreuzungen. Die Menschen können sich daran orientieren und das angegebene Ziel finden. Firmpaten müssen so verlässliche Wegweiser sein auf ein Ziel hin, das zunächst vielleicht noch gar nicht sichtbar ist und auch augenblicklich nicht wahrgenommen werden kann, aber vollkommene Glückseligkeit für den Menschen bedeutet.

Mein Wunsch an die Paten ist, dass sie gute Wegweiser sind. Sie mögen denen, die an den Wegkreuzungen vorbeikommen, verlässlich die richtige Richtung zeigen, sie mögen Orientierung und Auskunft geben können. Vielleicht können sie dem jungen Menschen auch noch sagen, wo es schwer wird, wo es mühsam sein kann, wo es vielleicht anstrengend wird in seinem Leben.

Diese verlässliche und aufrichtige Wegweisung ist der eine Dienst, den die Paten erfüllen müssen. Dazu kommt noch ein zweiter Dienst, nämlich Wegbegleiterin und Wegbegleiter zu sein. Das heißt, das Tempo des jungen Menschen

Die Zeit der Firmung schafft für den jungen Menschen die Möglichkeit sich in das Licht Gottes zu stellen. Gott blickt in seinem Licht wachsam und beschützend auf den jungen Christen. Seine unendlich geduldig ausharrende Liebe wartet darauf von uns Menschen als solche im Laufe des Lebens erahnt und erspürt zu werden.

anzunehmen, mit ihm mitzugehen bei seinem oft noch zaghaften und unsicheren Schritt, an mühsamen Wegstrecken an seiner Seite zu sein. Dann den Rastplatz festzulegen, um auszuruhen, sich zu erholen, das heißt: wieder bei sich anzukommen und neue Kraft zu sammeln. So wie bei einer Bergwanderung gilt es auch im seelischen, geistigen und religiösen Unterwegssein rechtzeitig dann eine Rast einzulegen, wenn die Kräfte noch nicht völlig erschöpft sind. Dann kann der Wanderer wieder Energie finden für die weitere Wegstrecke bis zum ersehnten Ziel. Firmpatinnen und Firmpaten sollen verlässliche Wegbegleiter sein, die den religiösen Lebens- und Bewegungsrhythmus des jungen Menschen verstehen und ernst nehmen. Sie sollen ihm aber auch helfen, jenes Schrittmaß zu finden, das ihm in der persönlichen Form seiner christlichen Religiosität und Innerlichkeit hilft. So kann der junge Mensch während der Jugendjahre jene Dynamik des Geistes finden und entfalten, die er braucht, um inneren Halt und Festigkeit zu erlangen.

Paten – Gesprächspartner im Glauben

Firmpatinnen und Firmpaten sind auch geistliche Lebensberater des jungen Menschen, also Gesprächspartner im Glauben. Die Paten stehen bei der Firmung hinter dem Firmling und legen ihm die Hand auf die Schulter. Damit bringen sie zum Ausdruck, dass sie diesem jungen Menschen vertrauen und er ihnen vertrauen kann. Ich weiß, dass das Gespräch mit Jugendlichen über den Glauben nicht einfach ist. Hier das richtige Wort zu finden, ist gerade für die Paten auch ein wichtiger Dienst in der Freundschaft zu den Eltern, besonders auch während der Entwicklungszeit der Jugendlichen, wenn ihnen das Ge-

spräch mit den Eltern schwer fällt. Die Paten können so, unbelastet von elterlichen Sorgen und Konflikten, verlässlich Auskunft und Rat geben bei Fragen und Problemen, die den Jugendlichen beschäftigen. Die Freundschaft zwischen dem Jugendlichen und seinem Firmpaten wird auch dadurch gestärkt, dass zur Sprache kommen kann, was in jedem Menschen an Sehnsucht und Fragen da sind. Es sind Fragen nach wirklichem und vollendetem Glück, nach Gott, nach der Wahrhaftigkeit und Aufrichtigkeit des christlichen Glaubens und der Kirche. Den Paten bin ich immer sehr dankbar, dass sie bei der Firmung präsent sind. So bringen sie zum Ausdruck, dass sie zu dem stehen, was der junge Mensch erfährt und sich erhofft.
Für die Erwachsenen, denen dieser Patendienst übertragen wird, ist dies jedoch mehr als eine familiäre Entscheidung, mehr als ein nützlicher Freundschaftsdienst. Der Pate/Die Patin ist wohl mehr als jemand, von dem man möglichst großzügige Geschenke erwartet. Die Paten kommen bei der Firmung mit dem jungen Menschen bis in den Altarraum hinein, bis in das Heiligtum der Kirche. Das ist nicht nur ein äußerer Ausdruck des christlichen Glaubens und des Bekenntnisses zur Kirche. Die Paten lassen sich mit dem jungen Menschen in der Kirche sehen und bringen dadurch auch körperlich zum Ausdruck, dass sie zu dem stehen, was die Kirche am Firmling ermöglicht. Sie bezeugen dadurch, dass sie „mit Leib und Seele" dazu stehen, dass die Kirche durch die Spendung der heiligen Firmung den jungen Christen das Geschenk der vielfältigen Gaben des Heiligen Geistes verkündet und zuspricht.

Pate/Patin sein – Bekenntnis zum Glauben

Das Auftreten der Patinnen und Paten in der Feier der heiligen Firmung ist also ein wortloses Glaubensbekenntnis. Die Paten bezeugen: Der christliche Glaube ist die Grundlage dessen, was sie mit der Kirche erhoffen. Ihr Glaubenszeugnis ist Ausdruck ihrer religiösen Lebenshoffnung, die sie mit der Hoffnung der Kirche und der Hoffnung des neu Gefirmten verbindet.
So bringt die Erwachsenengeneration zum Ausdruck, dass sie zu dem steht, was die Jugendlichen im Glauben suchen und wollen. Sie anerkennt und würdigt damit auch, was die Kirche mit der Jugend in der Hinführung zu den Geistgaben vorbereitend unternommen hat. Im Grunde übergeben die Firmbegleiterinnen und Firmbegleiter ja den Paten bei der Firmung den jungen Menschen. Die Firmpaten sollen mit der Firmung nun Wegbegleiter im Glauben werden und das mit den Jugendlichen weiterführen, was in den verschiedenen Begegnungen in der Firmvorbereitung erlebt, miteinander besprochen und auch in gemeinsamen religiösen Feiern (heilige Messen, Andachten, Gebetsgruppen, Wort-Gottes-Feiern, Wallfahrten, Bibelgesprächen) erfahren und begonnen wurde.

Patenamt – Begeisterung für Gott

Jede Firmung soll deshalb auch in den Patinnen und Paten wieder neu die Begeisterung für Gott und seine Liebe wachrufen. So wird jede Firmung auch für die Paten eine geschenkte Gelegenheit oder Herausforderung, sich selbst wieder im Glauben zu festigen, die Erinnerung an die eigene Firmung wachzurufen und so aus den Gaben des Geistes, die Gott uns in reichem

Maße schenkt, zu leben. Jede Firmung soll dazu führen, der Liebe Gottes im eigenen Leben zu trauen, der Zuwendung Gottes Vertrauen zu schenken. Gott wird die Gelegenheit nutzen, auch das Herz der Patinnen und Paten zu berühren.

Gebet für die Firmlinge

Als Bischof begegne ich im Laufe eines Jahres sehr vielen Jugendlichen, die zur Firmung kommen. Wenn dann einzelne junge Menschen vor mir stehen, denke ich oft: „Wie war wohl deine Kindheit? Bist du zu Hause geliebt? Bist du erwünscht? Ist die Liebe deiner Eltern geglückt?" Wenn die Firmlinge mir dann ihren Namen sagen und ich sie ansehe, ihnen in die Augen schauen darf, denke ich an ihr bisheriges Leben und frage im Stillen und voller Hoffnung: „Gibt es Frieden in deiner Familie? Kommst du aus einer Kindheit, in der du bisher gesund warst? Oder hast du schon Krankheit erleiden und aushalten müssen?" In diesen Augenblicken, in denen ich „von Angesicht zu Angesicht" vor den jungen Menschen stehe, bete ich innerlich ganz fest: „Gott, schenke diesem Jugendlichen deine ganze Lebenskraft. Sei mit deiner Liebe im Herzen dieses jungen Menschen, der hier vor mir steht. Heile, was nicht recht war. Stärke dieses junge Mädchen, stärke diesen jungen Burschen, dass er sich entfaltet mit all den Kräften des Herzens in seiner Liebenswürdigkeit und mit seiner Kreativität."

Beziehung zum Bischof

Eine weitere wichtige Dimension der Firmung ist deshalb die Beziehung zum Bischof. Der Bischof als Nachfolger der Apostel verbindet den Firmling durch die Herabrufung des

Heiligen Geistes enger mit der Kirche. Durch den Bischof wird der Empfänger der heiligen Firmung mit der Kirche der Apostel und deren Ursprung in Jerusalem in besonderer Weise verbunden. Deshalb ist es auch der Bischof, der die Firmung spendet. Wenn der Bischof in der Regel selbst die Firmung spendet, dann wird deutlich, dass die Kirche über die Pfarrgemeinde hinaus durch den Dienst des Bischofs in Einheit und Gemeinschaft verbunden und zusammengehalten wird. Deshalb kann ein anderer Priester, der das heilige Sakrament der Firmung spendet, nur im ausdrücklichen Auftrag des zuständigen Bischofs handeln. Dieser andere Firmspender hat dann die Aufgabe, den Bischof zu vertreten.

Firmalter

Viele Überlegungen werden jedes Jahr angestellt, in welchem Alter es sinnvoll ist, jungen Menschen das Firmsakrament zu spenden. Gerade im Alter von 13, 14 Jahren ringen junge Menschen um ihr Selbstwertgefühl und machen sich Gedanken um ihre Zukunft und um ihren Platz im Leben. Sie suchen einen neuen Bezug zu ihrem Körper und ihren Gefühlen und sind meist stark verunsichert. Viele sind mit sich selbst beschäftigt und haben oft wenig Aufmerksamkeit für andere wichtige lebensbezogene Fragen und Probleme. Wenn die Kirche jungen Menschen in diesem Alter die besondere Aufmerksamkeit schenkt, dann wendet sie sich einer Altersgruppe zu, die sonst von der Gesellschaft nicht wertschätzend genug wahrgenommen wird. Das hängt einerseits mit dem kritischen Verhalten der Jugendlichen selbst zusammen. Andererseits meinen die Erwachsenen, dass „diese schwierige und stürmische Zeit“ ja bald vorbei sein werde.

Genau in diesem Alter sagt nun die Kirche zu den Jugendlichen: „Kommt!“ und nicht „Geht!“. Dieses „Geh!“ müssen ja viele junge Menschen oft hören, weil sie für die Erwachsenen und manchmal auch für sich selbst zu schwierig und herausfordernd sind.
Für die Kirche sind die jungen Menschen, so wie sie sind und sein können, wichtig. Sie möchte sie ernst nehmen in ihrem Suchen, Fragen und Hoffen. Sie möchte ihnen mit Wertschätzung und aufrichtiger Freundschaft begegnen.
Genau in diesem Alter erinnert die Kirche den jungen Menschen daran, dass Gott ihn und alle Menschen in seine Hand geschrieben hat, dass wir von ihm angenommen sind und dass er uns behütet und nicht herausfallen lässt aus seiner Liebe. Die Kirche entdeckt so mit jungen Menschen wieder ihre eigene Hoffnung und Zuversicht: Was immer in unserem Leben auf uns zukommen mag: Gott wird niemals seine Augen von uns abwenden, er wird uns ansehen und schenkt uns darin ein unvergängliches Ansehen. Selbst wenn wir andere, „verlorene“ Wege gehen: Gott selbst wird nach uns suchen und die Wege auch des inneren Zweifels und des inneren Ringens mitgehen.
Die Kirche will die Jugendlichen mit ihren zerbrechlichen Hoffnungen und Plänen ernst nehmen und nicht im Stich lassen, sondern ihnen selbst die Hoffnung zusagen, die Gott in Jesus Christus allen Menschen und aller Welt geschenkt hat und schenken will.
Deshalb hat Papst Benedikt XVI. geschrieben: „Ja, wir dürfen uns freuen, dass es Gott gibt, dass er sich uns gezeigt hat und dass er uns nie allein lässt. Es ist tröstlich, die Telefonnummer von Freunden und guten Menschen zu kennen. So sind sie uns nie ganz fern, nie ganz abwesend.

Wir können sie anrufen und sie uns. Die Menschwerdung Gottes in Christus sagt uns: Gott hat uns gleichsam in sein Adressenverzeichnis aufgenommen. Ohne Geld und ohne Technik können wir ihn rufen. Er ist immer in Hörweite. Durch Taufe und Firmung gehören wir zu seiner Familie. Er ist immer auf Empfang: ‚Ich bin bei euch alle Tage bis zum Ende der Welt'" (Mt 28,20) (Werte in Zeiten des Umbruchs. Freiburg 2005, Seite 150).

Das Sakrament der Eucharistie

Denn ich habe vom Herrn empfangen,
was ich euch dann überliefert habe:
Jesus, der Herr, nahm in der Nacht, in der er ausgeliefert wurde, Brot, sprach das Dankgebet, brach das Brot und sagte:
Das ist mein Leib für euch. Tut dies zu meinem Gedächtnis!
Ebenso nahm er nach dem Mahl den Kelch und sprach: Dieser Kelch ist der Neue Bund in meinem Blut. Tut dies, sooft ihr daraus trinkt, zu meinem Gedächtnis! Denn sooft ihr von diesem Brot esst und aus dem Kelch trinkt, verkündet ihr den Tod des Herrn, bis er kommt (1 Kor 11,23–26).

Sehnsucht nach Liebe

Manchmal feiern wir die Eucharistie ganz schlicht in einer Wochentagsmesse oder feierlicher an einem Sonntag; ein anderes Mal an ganz bestimmten, berühmten heiligen Orten mit einer Sehnsucht nach Liebe und Getragensein von Gott; wieder ein anderes Mal in einer heiligen Messe am Berg mit der glitzernden Sonne über den Höhen oder wenn die Kinder zum ersten Mal zur Eucharistie gehen und die Eltern und die ganze Familie mitbangen, wie das kleine Herz den Heiland aufnimmt. Es gibt ganz unterschiedliche Erfahrungen von Eucharistiefeiern und heiligen Messen. Jede heilige Messe ist dabei eine Erinnerung an das Feiern Jesu im Abendmahlsaal, als er das Brot nahm, darüber den Dank sprach und es dann austeilte mit den Worten: „Das ist mein Leib für euch."

Der Herr, Jesus Christus, hat dabei sein Leben in die Hand genommen mit seiner ganz persönlichen Geschichte, mit seiner Biographie, mit seinen Beziehungen und Begegnungen. Er nimmt sein Leben in die Hand und sagt dazu Dank. Er weiß, dass es ihm begrenzt wird. Er ahnt, dass der Tod ihm bevorsteht. Nicht widerwillig, sondern in Dankbarkeit Gott, seinem Vater, gegenüber, nimmt er das Brot und lässt so die Hingabe seines Lebens zu. Er spricht über den Becher mit Wein das Wort: „Das ist mein Blut, das für euch vergossen wird." Damit erinnerte er zunächst an das Volk Israel (vgl. Ex 24,8), jenes heilige Volk, aus dessen Geschichte heraus Jesus kam und das ihn in Frömmigkeit und religiöser Tradition geprägt hat.

Versöhnung Gottes mit der Welt

Jesus selbst deutet sein Sterben als Hingabe für die Sünde der Welt. Er deutet sein Sterben als Versöhnung Gottes mit der Welt. Gott selbst ist es, der in Jesus die Initiative ergreift. Er vergibt dem Menschen, geht verzeihend auf den Menschen zu und räumt ihm so eine neue Lebensmöglichkeit ein.

Hingabe Jesu an uns

Diese Hingabe unseres Gottes in Jesus von Nazareth und sein heilendes Leben über den Tod hinaus zu suchen und zu finden, das ist der Kern unserer Gottesbeziehung. In jeder Eucharistiefeier verkünden und bekennen alle, die mitfeiern, dass Gott Jesus von Nazareth im Tod das Leben durch Auferstehung geschenkt hat. Diese Hingabe Jesu in letzter Liebe wird ausgesprochen im Brotbrechen und im Verteilen des Leibes Christi.

Fußwaschung als Liebesdienst

Die Fußwaschung ist ein Bild für das, was in jeder Eucharistie geschieht. Jesus sagt im Abendmahlsaal: „Ich habe euch ein Beispiel gegeben, damit auch ihr so handelt, wie ich an euch gehandelt habe. … Selig seid ihr, wenn ihr das wisst und danach handelt“ (Joh 13,15–17). In diesem Auftrag ist auch das Bild für die Eucharistie enthalten. Wenn wir miteinander Mahl halten und die Worte Jesu hören, erinnern wir uns an sein Tun und sind eingeladen, aneinander so zu handeln, wie Jesus gehandelt hat. Eucharistie ist nicht nur Gedächtnis, sondern auch Tun. Eucharistie feiern heißt, sich von der Liebe Jesu anstecken lassen, einander vorbehaltlos annehmen mit der Liebe, die wir in Jesus erfahren. Eucharistie ist nach dem Johannesevangelium der Ort, an dem wir einander die Ermüdung und Erschöpfung unseres eigenen Lebens zeigen sollten. Wir brauchen unsere Wunden nicht zu verbergen. Wir können sie voreinander zeigen und sie gemeinsam Christus hinhalten. Er wird sie waschen, und seine Liebe wird uns heilen.

Liebesdienst Gottes an uns zulassen

In der Erzählung von der Fußwaschung hören wir, dass Jesus sich Petrus zuwendet und ihm sagt: „Wenn ich dich nicht wasche, hast du keinen Anteil an mir" (Joh 13,8). Petrus wehrt sich und möchte es nicht zulassen, dass Jesus ihn beschenkt. Wir sehen an Petrus, dass es nicht einfach ist, sich bedienen zu lassen, sich helfen zu lassen, sich den Schmutz nehmen zu lassen. Es ist nicht einfach, sich von Gott helfen zu lassen. Die Kirche zeigt uns das an Petrus. Er wird als „Verweigerer" geschildert. Damit will die Kirche sagen, jeder und jede kann in diese Schwäche hineingeraten, den Herrn nicht an sich heranzulassen. Behutsam gewinnt Jesus Petrus dafür, dass sich dieser den angebotenen Liebesdienst gefallen lässt, und dann sagt Jesus allen, dass dies der Maßstab des Umgangs miteinander in der christlichen Gemeinde sein soll. Der Herr zeigt uns, dass Gott den Weg der „Karriere nach unten" (Heinz Schürmann) geht und im Dienen sich als der Größere erweist. Seine Liebe ist seine eigentliche Autorität, die die Menschen wieder groß werden lässt vor Gott.

„Schule der Liebe"

Wenn das Symbol für die Eucharistie die Fußwaschung ist, dann ist die Eucharistie gleichsam, wie Papst Johannes Paul II. sagt, „eine große Schule der Liebe", in der sich

„... Wir bringen dieses Brot vor dein Angesicht,
damit es uns das Brot des Lebens werde."
Jede Eucharistie bietet uns Verwandlung in die Liebe Gottes an. Durch das Hintragen des Lebens, der Schöpfung der Freude und der Sorgen, der Bitten und Danksagungen wird Wandlung möglich.
Es ist dem Menschen geschenkt, in Christi Leib verwandeltes Brot als Nahrung für die Seele zu sich zu nehmen, um so selbst liebend zu werden.

Männer und Frauen bilden, die auf verschiedenen Verantwortungsebenen, im sozialen, kulturellen und politischen Leben, „Strukturen des Dialogs und der Gemeinschaft leben“ (Mane Nobiscum Domine, Nr. 27).
Daran wird die christliche Gemeinde erkannt und daran gibt sie sich zu erkennen: an diesen Formen, Zeichen, Arten von Hingabe, dieser Zuwendung, diesem Liebesdienst und dieser Hilfsbereitschaft. In jeder Eucharistiefeier werden also die Mitfeiernden gesendet mit dem Auftrag, das, was ihnen geschenkt wurde, was sie im Herzen tragen, zu leben und die Liebe Gottes so in die Welt hineinzubringen. Die Echtheit der Teilnahme an der Eucharistie erweist sich also daran, dass die christliche Gemeinde in den einzelnen Mitfeiernden sich tatkräftig in der Welt für Geschwisterlichkeit und Liebe, für Hingabe und Aufmerksamkeit einsetzt. In der Eucharistie zeigt uns Gott bis aufs Äußerste, dass er die Welt liebt und bereit ist zu einer Hingabe, die das Letzte gibt und sich nicht schont, sondern in der Fußwaschung sich hinabbeugt, um die Füße seiner Jünger zu waschen. „Indem er sich herabbeugt, um die Füße seiner Jünger zu waschen, erklärt Jesus in unmissverständlicher Weise den Sinn der Eucharistie. Der heilige Paulus betont mit Nachdruck, dass eine Feier der Eucharistie nicht zulässig ist, wenn nicht die im konkreten Teilen mit den Ärmsten bezeugte Nächstenliebe aufleuchtet (vgl. 1 Kor 11,17–22.27–34)“ (Mane Nobiscum Domine, Nr. 28).

Not der Menschen erkennen

Wir können es also nicht mehr riskieren, wenn wir Eucharistie feiern, dass wir an der Not der Menschen vorbeigehen. Wir müssen Kenntnis davon haben, wo die

Armen in unserer Pfarrgemeinde wohnen, und können nicht mehr sagen: „Wir wissen nicht, wo die Armen, und auch nicht, wo die Reichen in dieser Stadt, in unserer Gemeinde, in unserer Pfarre sind." Wir haben mit der Feier der Eucharistie eine Zivilisation der Liebe auszurufen, die sich wie ein Echo „an alle Enden der Erde" verteilt. Diese Zivilisation der Liebe kommt von Gott, der in Jesus den Menschen die Füße gewaschen und seine Fußsohlen in den Staub der Erde gesetzt hat. Er wollte, dass von dem kulturellen und sozialen Zentrum „Stadt" aus das Christentum in das Land hinein verkündet wird und so niemand ausgeschlossen ist von dieser universalen Zivilisation der Liebe.

Erinnerung an das Letzte Abendmahl

Wenn wir Eucharistie feiern, erinnern wir uns an das, was der Apostel Paulus damals seinen Gemeinden als Vermächtnis Jesu hinterlassen hat: „Denn ich habe vom Herrn empfangen, was ich euch dann überliefert habe: Jesus, der Herr, nahm in der Nacht, in der er ausgeliefert wurde, Brot, sprach das Dankgebet, brach das Brot und sagte: ‚Das ist mein Leib für euch. Tut dies zu meinem Gedächtnis!' Ebenso nahm er nach dem Mahl den Kelch und sprach: ‚Dieser Kelch ist der *Neue Bund* in meinem Blut. Tut dies, sooft ihr daraus trinkt, zu meinem Gedächtnis!'" (1 Kor 11,23–25) Wir tun das, was der Herr zuerst im Abendmahlsaal getan hat. Nicht in Form einer Erinnerung wie bei einem historischen Symposium, wie beim Gedenken an ein früheres Ereignis oder wie bei einer Heldenfeier. Wenn wir Eucharistie feiern, dann ist der Herr unter uns in der Gestalt des Brotes. Er lässt uns ein Stück Schöpfung in die Hand nehmen in der Gestalt des Brotes und wird mit seiner Kraft, mit seinem Geist dieses Brot in seinen Leib, den Leib Christi verwandeln.

Brot und Wein mit Symbolkraft

Gott nimmt die Schöpfung ernst. Das Stück Brot ist Leben, ist Wachstum und Arbeit. Der Wein, den wir auf den Altar stellen, ist Geschenk der Schöpfung, gekeltert, gepresst, vergoren. Von der Arbeit der Menschenhände bereitet, ist er Symbol und Sinnbild für das Glück und das Aufatmen in festlicher Weise. Die Kirche nimmt Schöpfung wahr in jeder Eucharistiefeier und lässt Schöpfung zum Altar bringen, wenn die Gaben gebracht werden aus dem Leben der Menschen für das Leben der Menschen. Diese Gaben sind durchknetetes und genießbares Leben. Etwas, was uns stärkt und leben lässt, was uns innere Kräfte schenkt. Nicht nur für unseren Körper, sondern für die Seele, für den Geist. Für die Kraft des Herzens wird hier eine Zufuhr an Lebensenergie geschenkt.

Gemeinschaft

In jeder Eucharistiefeier schenkt Gott dem Menschen Gemeinschaft. Gott sucht die Nähe der Menschen. Er sucht das Herz. Er sucht eine Tür in die Lebensschicksale, um einzutreten zu können und um von innen her mit seiner Kraft den Menschen zum Aufatmen zu helfen: „Ich stehe vor der Tür und klopfe an. Wer meine Stimme hört und die Tür öffnet, bei dem werde ich eintreten, und wir werden Mahl halten, ich mit ihm und er mit mir“ (Offb 3,20). Das ist die Dynamik der Eucharistie. Wir feiern das Gedächtnis, dass der Herr sein Leben hingegeben hat. Nicht widerwillig, sondern „aus freiem Willen“, wie die Kirche im zweiten Hochgebet der heiligen Messe betet. Er ging den Weg nach Golgotha, erfüllt von der Sehnsucht, der Menschheit den Frieden Gottes zu bringen. Er ging den Weg der Erlösung mit einer Liebe bis zur letzten Konsequenz der Hingabe und nicht durch Aggression, Wut oder einen gewalttätigen Gegenschlag. Im solidarischen Annehmen der Unzulänglichkeiten, Unausgeglichenheiten und Abgründe menschlichen Schicksals hat er das Leben der Menschen ganz auf sich genommen und durch Erbarmen die Welt erlöst. Das feiern wir. Wir feiern in jeder Eucharistiefeier das Erbarmen Gottes mit der Welt. Wir feiern dies nicht nur „für uns“, sondern wie in der heiligen Messe gebetet wird, „für euch“, das heißt, zur Erlösung, zur Rettung, zum Frieden der Menschen und der Welt.

Kommunikation

Dadurch, dass Gott mit uns Gemeinschaft sucht, schenkt er uns auch die Fähigkeit, eine neue Art der Kommunikation miteinander aufzubauen. Aus der Kommunion heraus gestalten wir miteinander universale Kommunikation, haben wir miteinander die Kraft, über verschiedene Anschauungen, philosophische Strömungen, esoterische Bewegungen und innere Empfindungen hinweg die innerste Würde des Menschen wieder zu sehen, wobei jeder Mensch durch seine Augen und sein Gesicht uns hineinschauen lässt in das Ebenbild Gottes.

Verwandlung des Lebens

„Tut dies zu meinem Gedächtnis“, sagt der Herr. Er meint damit die Einladung, mit ihm die Hingabe des Lebens zu feiern. Leben verwandeln zu lassen, sich hineinnehmen zu lassen in die Dynamik der Liebe und des Erbarmens, des Brotbrechens und des sich heilend Verschenkens, im

Hingeben des Lebens. Das ist das Geschenk, das wir der Welt als Christen weitergeben. Wenn wir das Geheimnis der Eucharistie verinnerlichen, es zulassen, dass das unser Leben prägen kann, dann tragen wir in unsere Welt eine andere Lebensqualität. Wir bringen in unsere Welt eine andere Form der Kommunikation aus der Feier der heiligen Kommunion. Das ist mehr als ein Zugewinn an Lebensqualität, das ist Leben in Fülle! Durch die Feier der Eucharistie schenkt die Kirche der Gesellschaft eine neue innere Kraft an kommunikativen Fähigkeiten. An denen, die Eucharistie feiern, liegt es, ob sie durch ihr christliches Engagement, durch ihren Einsatz, durch ihre Wertentscheidungen der Welt eine Richtung auf Zukunft hin geben und mit Hoffnung das Leben fördern oder ob sie kurzfristig die Welt ausnützen, verbrauchen und sagen: „Was nach uns kommt, kümmert uns nicht." Christen haben die Möglichkeiten und Chancen, mit Gott, der das Lebensglück der Menschen ist und will, den Frieden der Welt zu sichern.

Verwandlung des Todes

Viele Menschen erfahren heute von Sterben und Tod aus den Medien. Ganz selten ist noch jemand beim Sterben eines Angehörigen in der eigenen Wohnung anwesend. Vielleicht tun sich deshalb manche auch so schwer, den Tod Jesu in der Eucharistie mitzufeiern, weil ihnen das Sterben als unmittelbare Erfahrung nicht zuteil wird. So ist das Wort vom „Sterben" etwa bei der Tauffeier oder bei der Eucharistie in Gefahr, als „unpassend" erlebt oder wie eine publizistische Nachricht gehört zu werden. Beim Fernsehen kann sie gleich wieder vergessen werden, weil man ja eigentlich auf den Wetterbericht oder auf das Abendprogramm wartet. Zu Recht sagen manche: „Man kann nicht alle Todesnachrichten auf sich wirken lassen." Viele haben heute keinen unmittelbaren Bezug zum „Lebensvorgang des Sterbens". Ob nicht auch darin ein Grund für eine Liturgieunfähigkeit zu sehen ist? Vielleicht tun sich deshalb manche so schwer mit der Eucharistiefeier und mit den Texten in der heiligen Messe? In jeder Eucharistiefeier verkünden wir das Sterben und den Tod Jesu. Wie kann das wieder bewusster wahrgenommen werden? Für die Priester ergibt sich daraus, dass sie mit großer innerer Andacht und Anteilnahme bei jeder Eucharistiefeier die Worte sprechen: „Das ist mein Leib, der für euch hingegeben wird. Das ist mein Blut, das für euch … vergossen wird." Mit dem Aussprechen dieser Sätze ist ja mehr gefordert, als bloß eine informative Mitteilung darüber zu geben, was Jesus damals getan hat. Eucharistie feiern heißt für den Priester, bereit zu sein, in der Eucharistie wie Jesus Christus sein Leben „hinzugeben" für seine Gemeinde. Die Worte des Einsetzungsberichtes sollen auch ein Wort der Hingabe des Lebens sein, das sich im täglichen Leben als ein Sich-verbrauchen-Lassen und Sich-Verschenken vollzieht.

Wenn das „Sterben" mit dem Herrn ernst genommen wird, stellt sich auch die Frage, ob die Priester mehrmals am Tag, oft noch dazu in ganz knappen zeitlichen Abständen, in mehreren Pfarren am Sonntag diese „Hingabe des Lebens", dieses „Sterben" vollziehen können. Eines wird aber auch deutlich: In jedem Fall braucht die heilige Messe von Seiten des Priesters eine gewissenhafte Vorbereitung und eine Zeit der inneren Einstimmung. Das verlangt Ruhe und Sammlung bevor man den Raum des Heiligtums betritt. Ebenso verlangt dies aber auch eine Vorbereitung der mitfeiernden

Gemeinschaft. Äußere und innere Stille vor der heiligen Messe sind also ganz wichtig.

Sich auf den Trost Gottes einlassen

Manchmal beschreiben Menschen Grenzen ihres Lebens als Schicksalsschlag oder Unglück. Sie bringen negative Erfahrungen oft nur mühsam in Bezug zu einer Leben begleitenden Führung Gottes. Sehr rasch wird bloß menschlicher Trost gesucht, und nur mühsam vertrauen sie sich der helfenden Nähe Gottes an. Sich führen lassen im Glauben fällt vielen nicht leicht. Wenn der Mensch aber lernt, den „Trost Gottes" zu suchen und anzunehmen, wird er erleben, wie er herausgeführt wird aus menschlichen Grenzsituationen, in denen er aus eigener Kraft nicht mehr über die persönlichen Nöte hinaussehen konnte. Menschen, die in Leid und Trostlosigkeiten des Lebens nicht zu billigen „Ersatzlösungen" Zuflucht nehmen, sondern den Weg „durchs finstere Tal" (vgl. Ps 23,4) oder die Wüste aushalten, erleben Vorzeichen und Augenblicke der Auferstehung. Eine solche „Herausführung" können sie dann in der Feier der Auferstehung, in der Feier der Eucharistie, in ihren Gebeten und im Lobpreis bekennen. Deshalb ist es eine Hilfe, sich zum besseren Verständnis der Eucharistie vorher zu fragen: Wo habe ich zuletzt Hoffnung erfahren, die ich mir nicht selbst schenken konnte? Was wird in der Eucharistiefeier davon angesprochen, wiederholt oder angenommen?

Dank sagen für die Verwandlung

Jede Eucharistiefeier stiftet Gemeinschaft. Die Feier der Eucharistie ist so auch die Möglichkeit der Begegnung, des Austausches und der inneren Teilnahme am Lebensglück der anderen. Wer zur Eucharistiefeier geht, sucht und findet auch die Zusammenkunft mit den anderen, setzt sich mit ihnen gemeinsam dem Hören des Evangeliums aus. Er tritt ein in den Dank Gott gegenüber und teilt mit den Versammelten die Erinnerung an die Heilsgeschichte, die Gott in seinem Volk gewirkt hat. Schließlich wird das Brot geteilt, und allen wird dadurch auch Anteil verheißen an dem einen Leib, der Christus ist. So sind sie als Kirche auch „Leib Christi". Wer zur Eucharistiefeier geht, kommt mit der Bereitschaft, sich in diese von Jesus Christus gestiftete Gemeinschaft hineinzubegeben und in die Geschichte mit Gott einzugehen. In all dem geschieht genau dies: Er wird hineingenommen in diese Geschichte und wird dadurch „verwandelt". Wir sind verbunden mit den anderen und geprägt von der Liebe Gottes, die durch die Feier der Eucharistie den Menschen in seiner Liebe zu den anderen stärkt. Es wird gleichsam Verwandlung erfahrbar durch das gemeinsame Feiern.

Opfer

Viele tun sich heute schwer mit dem Wort „Opfer". Manche werden dabei an die Erziehung erinnert, in der ihnen immer wieder nahe gelegt wurde, Opfer zu bringen, um Gott wohlgefällig zu sein. Manche verbinden mit dem Opfer Jesu am Kreuz die Vorstellung, dass Gott dieses Opfer von seinem Sohn forderte. Anselm Grün sagt, dass beim Opfer „etwas Irdisches in den göttlichen Bereich gehoben wird, dass es Gott gegeben wird, weil es Gott gehört. Von dieser Sicht her hat der Begriff des Opfers heute durchaus etwas höchst Aktuelles. Heute wird ja alles verzweckt. Alles muss etwas bringen. In der Eucharistiefeier übereignen wir unser Leben Gott, von dem wir unser

Leben empfangen haben. Wir reißen es heraus aus dem Zusammenhang des Verzweckten. Es gehört Gott. Wir schaffen einen Freiraum, in dem wir nichts bringen, nichts leisten, nichts vorweisen müssen. Wir halten unser Leben in den Bereich Gottes, in den es eigentlich hineingehört. Und von Gott her erahnen wir, wer wir eigentlich sind" (Die Eucharistiefeier, Seite 31).

Es gibt aber noch einen ursprünglicheren Sinn von Opfer. Im Opfer wird nicht nur etwas zu Gott emporgehoben, sondern mit ihm und anderen geteilt, hingegeben in Freiheit und Liebe. Und diese andere Bedeutung von Opfer meint vor allem das, was wir mit „Hingabe" ausdrücken. Jesus hat ja seine Hingabe für die Menschen, die er in Liebe Gott und den Menschen schenkte, im Tod vollendet. Das Kreuz Jesu ist die letzte Konsequenz der Liebe, ist der Ausdruck seiner Hingabe, seiner Barmherzigkeit und seiner Treue zu Gott und zum Menschen, um ihn selbst im Tod noch mit seiner Liebe zu umfangen. „Der Tod Jesu ist also Ausdruck seiner Liebe, mit der er uns vorbehaltlos und bis zum Ende liebte und Ausdruck seiner Freiheit und Souveränität, in der er sich für uns hingab. Indem wir seinen Tod und seine Auferstehung in der Eucharistie feiern, stellen wir uns unter seine Liebe, mit der er jeden von uns persönlich gemeint hat. Wir vergewissern uns in der Feier seines Kreuzesopfers, dass Christi Liebe alles Gegensätzliche und Widersprüchliche in uns berührt und verwandelt" (Anselm Grün, Die Eucharistiefeier, Seite 32).

Die Aufforderung Jesu „Tut dies zu meinem Gedächtnis!" (1 Kor 11,24–25) erfüllen wir, wenn wir das Gedächtnis seines Opfers feiern. Wir bringen Gott, dem Vater, dar, was er uns in den Gaben der Schöpfung geschenkt hat, nämlich Brot und Wein, die durch die Worte Christi und die Kraft des Heiligen Geistes Leib und Blut Christi geworden sind. Die Eucharistiefeier ist zunächst einmal Danksagung und Lobpreis an den Vater. Durch Christus kann die Kirche das Opfer des Lobes darbringen zum Dank für alles, was Gott in der Schöpfung und in der Menschheit an Gutem, Schönem und Gerechtem getan hat. Die Eucharistiefeier ist Lobpreis, durch den die Kirche Gott ihren Dank zum Ausdruck bringt für alle seine Wohltaten, für alles, was er in der Schöpfung, der Erlösung und in der Heiligung vollbracht hat. Von daher ist der Name Eucharistiefeier ein sehr deutlicher Ausdruck dessen, was bei dieser Feier geschieht, nämlich Danksagung. In jeder heiligen Messe gibt es, bevor die Wandlungsworte gesprochen werden, das Gebet, das das Gedächtnis an das Wirken Christi in Erinnerung ruft. Es ist ein Sich-Erinnern an die Ereignisse der Vergangenheit, wobei diese gegenwärtig wird und gleichzeitig eine Verkündigung der großen Taten ist, die Gott für die Menschen getan hat.

Erstkommunion

Mit der Feier der Eucharistie verbinden viele die Erinnerung an die Erstkommunion und das schöne Fest der Begegnung mit Jesus im Empfangen seines heiligen Leibes. Viele schätzen es, dass die Kinder zur Erstkommunion kommen. Die Hinführung ist verbunden mit einem „Verständlich-Machen" des Kirchenjahres, der kirchlichen Feste, aber auch des religiösen Feierns, des Betens und des gemeinsamen Mahlhaltens. Dies sind Erfahrungen, die manche Kinder so zu Hause nicht mehr machen. Manche Familien leben ja ohne einen religiösen Bezug, und nichts in ihrem Alltagsleben weist mehr ausdrücklich auf Gott als den Schöpfer der Welt hin. Dennoch wünschen die

Eltern, dass ihr Kind zur Erstkommunion geht, obwohl sie selbst vielleicht wenig kirchlich interessiert oder engagiert sind. Vielleicht ist es doch mehr als bloß die nostalgische Erinnerung an die eigene Erstkommunion.
Beim Fest der Erstkommunion machen wir die Erfahrung, dass immer mehr die Großfamilie mitfeiert. Die Eltern, die Großeltern, aber auch die Paten werden eingeladen und es wird eigentlich ein sehr schönes, großes Familienfest daraus gestaltet. Die Eltern haben meist den Wunsch, ihrem Kind eine möglichst gute Basis für das Leben zu bereiten, und sagen deshalb auch, dass dazu die Feier der Erstkommunion gehört. Es ist gut, dass die Erstkommunion mit Freude, Aufregung, Besuch und Geschenken und mit einem wunderschönen Tag verbunden wird.
In der Hinführung zur Erstkommunion gibt es in vielen Pfarren Tischmütter oder auch -väter, die sich bereit erklären, Kinder in die Eucharistiefeier und in das Geheimnis des Sakramentes der Eucharistie einzuführen. Das bringt diesen Erwachsenen persönlich oft viel für ihr eigenes Glaubensleben. Auch für die Priester ist es eine sehr gute Gelegenheit, Mütter und Väter wieder neu in Kontakt mit der Kirche zu bringen und mit ihnen ins Gespräch zu kommen über die Bedeutung der Eucharistiefeier. Immer wieder kommt es dabei auch zu einem Erfahrungsaustausch über Lebens- und Glaubensfragen. Die Gebenden sind oft auch die Empfangenden.
Manche entdecken so ihre eigene Berufung neu und ihre eigenen Fähigkeiten, sich wieder bewusst und freiwillig in der Verkündigung des Evangeliums zu engagieren. Es wächst ein Verständnis für die vielfältigen Begabungen, die es gibt, und für die Verantwortung, die Frauen und Männer aufgrund ihrer Taufe in der Kirche für das Glau-

bensleben der anderen haben. Freilich ist für manche die Vorbereitung der Sakramente zwar der Anlass zu einem neuen Kontakt mit der Kirche in der Pfarre, aber es kommt dann kaum zu einer Vertiefung und Weiterführung der guten Erfahrungen. Mit der Erstkommunion wollen die meisten Eltern auch ein schönes Fest für ihre Kinder. Der Zugang zu einer gemeinsamen Eucharistiefeier, Sonntag für Sonntag, wird aber von vielen Erwachsenen und auch von den Kindern nicht gesucht. Es ist ihnen schwer zu vermitteln, dass dieses „schöne Fest" von Gott her nicht ein „einmaliges Ereignis" sein will, sondern weitergehen soll mit der Teilnahme an der sonntäglichen Eucharistiefeier. Zur Vorbereitung auf die Erstkommunion ist es deshalb wichtig, auch eine Eucharistiegemeinschaft mit den Kindern und den Eltern anzustreben. Auch wenn oft wenig Chance besteht, dass Kinder eine tragende Glaubensgemeinschaft bilden, ist es wichtig, den Kindern das anzubieten. Es kann ja sein, dass außer der Erfahrung der Christusgemeinschaft am Erstkommuniontag dem Kind sonst wenig Erinnerung an Gemeinsames bleibt. Vieles wird später absinken oder sogar verloren gehen. Dennoch kann es in wichtigen Lebenssituationen wieder aufleben und zur Wirkung kommen. Und wenn auch nur die Erinnerung daran bleibt, dass die christliche Pfarrgemeinde ein Ort der Kinder- und Menschenfreundlichkeit war. Manchen ist das sicher zu wenig, aber es ist immerhin mehr als „gar nichts". Es müssen außer einem sympathischen Umgang miteinander auch noch die Aufmerksamkeit und das Wecken der Bereitschaft für eine intensivere Gemeinschaft hinzukommen, wenn auch noch so wenig möglich ist und wird. Manchmal kommen einzelne Väter und auch einzelne Mütter. Manchmal kommen Eltern gemeinsam.

„... Du schenkst uns den Wein, die Frucht des Weinstockes und der menschlichen Arbeit.“
Die Gaben der Natur werden zu Gottes Gaben für die Seele. So wird der Mensch in die Lebendigkeit, den Lebenssaft Gottes, verwandelt.

Für diese brauchen wir dann Orte und Zeiten, an denen sie christliches Glaubensleben erfahren können. Auch wenn nur wenige Kinder oder Eltern sich dafür interessiert zeigen, ist es wichtig, eine glaubende Beziehung zu Jesus und seiner Botschaft von seinem und unserem Vater in einer Gemeinschaft zu vermitteln. Wir wissen heute aus Erfahrung: Es kann nicht mit allen Kindern, die Jahr für Jahr zur Erstkommunion geführt werden, eine kontinuierliche religiöse Weggemeinschaft aufgebaut werden. Das schließt aber nicht aus, dass man es nicht mit wenigen Einzelnen versuchen sollte, die daran interessiert und dazu bereit sind. Gerade die Eucharistiefeier ruft die Gläubigen zu einer Gemeinschaft zusammen, um „die Gedächtnisfeier des Herrn" zu begehen. „Christus ist gegenwärtig in der Gemeinde, die sich in seinem Namen versammelt", sagt das Zweite Vatikanische Konzil. Und diese Gemeinschaft ist nicht immer eine Frage der Quantität.

Zur Sonntagsmesse gehen

Wenn wir Eucharistie feiern, dann ist das, um es mit einem Vergleich von Wilhelm Müller zu sagen, als ob wir auf Besuch gingen und dort, wo wir eingeladen sind, ein entsprechendes Mahl bereitet bekämen. Man klopft an, wenn man kommt, und grüßt, wenn man eintritt. So ist es auch bei der Eucharistiefeier. Wir begrüßen Gott, wenn wir in diese heilige Feier eintreten.

Sich öffnen und bereiten lassen für die Feier (Sammlung und Besinnung)

Meist, wenn wir auf Besuch gehen, streifen wir bei der Eingangstür den Schmutz von den Schuhen. Wir wollen gerade, wenn es draußen staubig ist, in die Wohnung nicht den Schmutz der Straße hineintragen. So ist es auch bei der heiligen Messe. Wir streifen den Schmutz von unserer Seele ab, von unserem Geist und unserem Herzen. Wir lassen aus dieser heiligen Feier also bewusst draußen, was uns innerlich verunreinigt hat, was wir an Staub der Straße, an Unzulänglichkeiten, an Fehlern, an Versagen mitbringen. Mit der Bitte um Vergebung und Erbarmen reinigen wir unser Herz, damit wir offen sind, das Wort Gottes in rechter Weise zu hören.

Kyrie eleison – Herr, erbarme dich!

In der heutigen Form der heiligen Messe kann das „Herr, erbarme dich!" auch verbunden werden mit der vorausgehenden Besinnung und der Bitte um Vergebung. Aber ursprünglich und schon in vorchristlicher Zeit war das „Kyrie eleison" ein Huldigungsruf (Michael Kunzler). Damit wurde die rettende Macht des mit „Herr, erbarme dich!" Angerufenen erkannt und anerkannt. Die Christen haben diesen Kyrieruf übernommen und zugleich auf Gott und Jesus Christus, ihren Herrn, bezogen. Diese Anrufung des Herrn als rettenden Erbarmer wurde dann im Laufe der liturgischen Entwicklung mit einer Fürbittenlitanei verbunden. Zu Beginn der heiligen Messe wurden so die Anliegen, Nöte und Hoffnungen der Menschen vor Gott getragen und ihm anvertraut.

„Gott hoch und tief leben lassen" (Gloria)

Meist, wenn wir auf Besuch kommen und eine Wohnung betreten, nehmen wir wahr, wie schön die Leute die Wohnung eingerichtet haben, was ihnen hier bedeutsam, was ihnen wichtig ist. Wir loben die Gastgeber und sagen, dass sie es schön haben. So ist es auch bei der heiligen

Messe. Wir stimmen das Glorialied an und sagen: „Ehre sei Gott in der Höhe!“ und loben Gott, dass er die Welt so schön geschaffen hat. Wir preisen ihn. Wir sagen, dass es schön ist bei ihm und dass wir uns bei ihm in besonderer Weise wohl fühlen. Wir lassen ihn also nicht nur „hoch leben“, wir erkennen und bekennen darin auch, was das für die Menschen auf der Erde bringt: „und Friede den Menschen auf Erden“. Damit lassen wir Gott auch „tief leben“, bei uns Menschen „seiner Gnade“, die Frieden schenkt.

Tagesgebet

Nach dem Glorialied folgt das Tagesgebet, das unser Zusammensein mit Gott an diesem Tag zusammenfasst, sammelt. Das Tagesgebet sagt, warum wir hier versammelt sind und was der Grund unseres Bittens und Betens ist; es sagt für uns vor Gott, was eigentlich der Anlass ist, warum wir jetzt gekommen sind. So betet die Kirche am Heiligen Abend zum Beispiel in der Mitternachtsmesse: „Herr, unser Gott, in dieser hochheiligen Nacht ist uns das wahre Licht aufgestrahlt. Lass uns dieses Geheimnis im Glauben erfassen und bewahren ...“ Oder am Ostersonntag sagt uns das Tagesgebet: „Gott, am heutigen Tag hast du durch deinen Sohn den Tod besiegt und uns den Zugang zum ewigen Leben erschlossen. Darum begehen wir in Freude das Fest seiner Auferstehung. Schaffe uns neu durch deinen Geist, damit auch wir auferstehen und im Licht des Lebens wandeln.“ Im Tagesgebet wird in der heiligen Messe betend angesagt, warum wir zusammengekommen sind und was das Anliegen ist, weshalb wir hier sind.

Lesung

Wenn wir auf Besuch gehen, dann geschieht es meist, nachdem wir Platz genommen haben, dass wir von früher erzählen. Dass wir in Geschichten uns austauschen, Erlebnisse erzählen und die Menschen so teilhaben lassen an dem, was uns bewegt hat. So ist es auch bei der heiligen Messe. Wir lesen von früher, wie es mit dem Volk Gottes war, was ihm wichtig war und was Gott ihm da getan hat. Wir erzählen also Geschichten aus der Bibel. In der ersten Lesung meist aus dem Alten Testament, wie das Volk Israel sich von Gott führen ließ und er im Bund mit ihnen seine Treue gehalten hat. Es geht um das Erzählen des Ursprungs. Nach dem Erzählen einer Geschichte folgt meist ein „Echo" darauf. Wir antworten mit dem Kehrvers und dem Antwortpsalm in der heiligen Messe auf das, was wir in der ersten Lesung gehört haben. Es ist eine Antwort auf das Wort Gottes, wiederum mit dem Wort Gottes selbst, weil es uns am besten hilft, das zum Ausdruck zu bringen, was Gott uns gesagt hat.
In der zweiten Lesung bei der heiligen Messe wird aus dem Neuen Testament gelesen, aus den Paulusbriefen oder aus der Apostelgeschichte, aber auch aus der Offenbarung des Johannes. Wir erfahren also, wie es der jungen Kirche in Jerusalem und in den ersten christlichen Gemeinden im Vorderen Orient, in Kleinasien bis nach Rom gegangen ist und wie durch sie das Evangelium als Frohe Botschaft weitergetragen worden ist „in alle Welt".

Evangelium

Nach diesen Erzählungen und dem Echo darauf folgt der Hinweis, dass im Evangelium Christus selbst in seinem

Wort zu uns kommt, dass er jetzt ganz in die feiernde Gemeinde hereintritt und anwesend ist. Deshalb wird vorbereitend auf das Kommen Jesu mit seinem Wort im Halleluja die christliche Gemeinde feierlich darauf aufmerksam gemacht und vorbereitet, dass jetzt ein besonders festlicher Augenblick kommt. Wir stehen auf und erwarten den Herrn, dass er mit seinem Wort zu uns spricht und jetzt gleichsam die Festrede der Erlösung, das feierliche Wort der Rettung und der befreienden Zusage verkündet: sein Evangelium.

Predigt (Homilie)

Nach dem Verkünden des Evangeliums, das meist mit Weihrauch geehrt und mit Lichtern ins Bewusstsein gehoben wird, folgt die geistliche Auslegung der Schrifttexte durch den Priester oder den Diakon. Dabei geht es um ein Wort, das gegenwärtig und deutlich macht, dass das, was wir aus der Heiligen Schrift gehört haben, jetzt geschieht. „Heute hat sich das Schriftwort erfüllt, das wir soeben gehört haben" (Lk 4,21b). Das sind Grundlage und Ziel jedes deutenden Wortes in der Predigt.

Glaubensbekenntnis und Fürbitten

Nach der Predigt folgt dann die gemeinsame Bestätigung all dessen, was man bisher gehört hat, im Glaubensbekenntnis. Das Glaubensbekenntnis gibt Antwort in zweifacher Weise. In ihm antwortet die zur heiligen Messe versammelte Gemeinschaft der Glaubenden auf die Worte der Heiligen Schrift und die Predigt. Im Glaubensbekenntnis wird den Gläubigen jedoch auch Antwort gegeben auf die Grundfragen des christlichen

Glaubens: Schöpfung (Vater), Erlösung (Jesus Christus) und Heiligung (Heiliger Geist und Kirche). Auf das Glaubensbekenntnis folgen im „Allgemeinen Gebet" die Fürbitten. In ihnen wendet sich unser Blick nach außen, in die ganze Welt. Wir sind ja nicht bloß auf Besuch bei Gott zusammengekommen, um uns miteinander zu stärken oder einander zu bestätigen, sondern auch, um unseren Blick und unser Herz zu öffnen auf die Nöte der Welt, auf die Bedrängnisse der Kirche, auf die Sorgen der Menschen. Durch das gemeinsame Hören des Wortes Gottes und durch das gemeinsame Bekenntnis unseres Glaubens werden wir wieder neu bereitet und bereit, mutig und hoffend in die Welt zu schauen und Gott in unseren Fürbitten die Hoffnungen und Sorgen für unsere Mitmenschen anzuvertrauen in der Zuversicht, dass er hilft, tröstet und stärkt.

Gabenbereitung

An das Erzählen der Geschichte Gottes mit den Menschen, früher und heute, dem Austausch, dem bewussten Wahrnehmen, dass der Herr mitten im Gespräch dabei ist, schließt dann die Gabenbereitung an. Um den bekannten Vergleich von Wilhelm Müller wieder aufzunehmen: Es folgt dann, wie bei jedem guten Besuch, das Bereiten des Tisches, das gemeinsame Mahlhalten. Dabei geht es aber nicht bloß um einen Austausch der Gaben der Schöpfung und ein Stärken des Leibes, sondern da geht es wiederum um Erzählung und Erinnerung. Diese Erinnerung ist mehr als nur ein nostalgisches Zurückdenken. Durch sie wird das gegenwärtig, was und wie Jesus mit seinen Jüngern im Abendmahlsaal Mahl gehalten und gefeiert hat im Teilen des Brotes, im Weiterreichen der durch den Heiligen Geist verwandelten Gaben der Schöpfung.

Hochgebet, Brotbrechen, Kommunionempfang

Das große Dankgebet, Hochgebet genannt, bildet mit dem Brotbrechen und dem Kommunionempfang eine Einheit. Es wird das ganze Heilsgeschehen angesprochen und Gott gedankt, dass er Jesus Christus gesandt hat. Der Priester betet: „Er ist dein Wort, durch ihn hast du alles erschaffen. Ihn hast du gesandt als unseren Erlöser und Heiland. Er ist Mensch geworden durch den Heiligen Geist, geboren von der Jungfrau Maria. Um deinen Ratschluss zu erfüllen und dir ein heiliges Volk zu erwerben, hat er sterbend die Arme ausgebreitet am Holze des Kreuzes. Er hat die Macht des Todes gebrochen und die Auferstehung kundgetan“ (Präfation im Zweiten Hochgebet).

In der Eucharistiefeier setzen wir uns wie die Jünger Jesus zu Füßen, hören ihm zu und erleben, dass in seiner Nähe das Wort vom Brot des Lebens Wirklichkeit wird. Jetzt vollzieht sich durch das Wort des Priesters die Umwandlung der Gaben von Brot und Wein in Leib und Blut Christi. Jetzt verkündet die feiernde Gemeinde, dass der Herr der Auferweckte ist und dass er jetzt wie auch in Zukunft als Tischherr und Gastgeber gegenwärtig sein wird. Im Brotbrechen wird deutlich gemacht, dass sich der Herr verschenkt, dass er bereit ist, sein Leben hinzugeben. In diesem Verteilen wird die Gabe der Eucharistie fruchtbar. Durch die Eucharistie stiftet Jesus Gemeinschaft. „Ihr selbst seid Christi Leib und Glieder … Was ihr selbst seid, darauf antwortet ihr mit Amen. … denn ihr hört: Leib Christi, und ihr antwortet: Amen. Seid also

ein Glied von Christi Leib, damit euer Amen wahrhaftig sei … Seid, was ihr empfangt, und empfangt, was ihr seid" (Augustinus).
Durch die Kommunion gehen wir selbst in das über und werden in das verwandelt, was wir empfangen. Jesus soll uns mit seiner Beziehung zum Vater, mit seiner Hingabe, mit seinem Vertrauen, mit seiner Hoffnung in Fleisch und Blut übergehen. Durch die Kommunion entsteht eine Gemeinschaft der Kirche, die eine ganz andere Form der Kommunikation ist, als wir das weltlich erleben können. Mit dem „Amen" sagen wir bei der heiligen Kommunion „ja" zur Gemeinschaft mit Jesus, aber auch „ja" zum Leib Christi, der die Kirche ist.
An der Stelle der Eucharistie, wo das innerste Geheimnis des Glaubens gefeiert wird, stimmt die ganze Kirche ein: „Deinen Tod, o Herr, verkünden wir und deine Auferstehung preisen wir, bis du kommst in Herrlichkeit." Damit sprechen wir in der Eucharistiefeier aus, was es im Alltag zu verkünden und zu leben gilt. Wenn wir von der Eucharistie als dem Geheimnis des Lichtes sprechen, dann dürfen wir mit der Gewissheit aus der Feier hinausgehen zu den Menschen, dass Jesus Christus, der Herr, als Licht in unserem Herzen weiter leuchtet und den Menschen den Weg für die nächsten Schritte in ihrem Alltag zeigt. Wie eine Monstranz dürfen wir uns dann verstehen, in der wir Christus mit dem verborgenen Lichtschein des eucharistischen Brotes in die Welt hinaustragen und uns den Menschen segnend und sie stärkend zuwenden. So können wir in uns selbst das Geheimnis des Lebens verspüren: Wir lassen uns immer wieder hinziehen zum Verweilen vor dem in der Eucharistie gegenwärtigen Herrn, und wir lassen uns von ihm wieder hinaussenden in die Welt,

um ihn zu verkünden und auch den anderen Menschen nahe zu bringen.
„In der Eucharistiefeier legt uns Christus das Opfer wieder vor, dass er ein für allemal auf Golgotha dargebracht hat. Wenn er darin auch als Auferstandener gegenwärtig ist, so trägt er doch die Zeichen seines Leidens, zu dessen ‚Gedächtnis' jede heilige Messe gefeiert wird" (Papst Johannes Paul II.).

Segen und Sendung

Nach dem Empfang der heiligen Kommunion, nach dem Empfang des Leibes Christi und der Stärkung des ganzen Menschen folgt durch den Priester in der Eucharistiefeier nochmals eine Zusammenfassung des Besuches im Schlussgebet. Darin wird die Erfahrung der heiligen Feier zusammengefasst und vor Gott dankbar ausgesprochen, mit welcher Kraft wir jetzt wiederum auseinander gehen dürfen. Dann folgt, wiederum wie beim Besuch, die Verabschiedung mit einem Wort der Zusage des Segens und der Ermutigung, den Frieden aus dieser Feier hinauszutragen zu den Menschen.
Eucharistiefeier ist also wie „zu Gott auf Besuch gehen", zu einem uns vertrauten Freund, der uns einlädt zum Austausch von Lebenserfahrungen, der uns gleichzeitig aber auch eine Stärkung gibt, die uns aufatmen und mit neuer Kraft weitergehen lässt.

Gottesdienst – heilige Messe – Eucharistiefeier

Die liturgische Feier am Sonntag hat in der katholischen Kirche verschiedene Bezeichnungen und verschiedene Namen. Wir sagen aber normalerweise nicht Eucharistiefeier, was soviel heißt wie Feier der „Danksagung“, sondern wir sagen „heilige Messe“ oder oft auch nur allgemein wie Christen anderer Kirchen „Gottesdienst“. Heute ist für die Menschen, die wenig oder selten zur Kirche kommen, jede Form der Liturgie einfach „Messe“. Manche lieben die Orchestermessen oder Hochämter, andere erinnern sich an so manche Gipfel- oder Bergmessen. Unvergesslich ist sicher für jede und jeden die feierliche Messe zur Erstkommunion oder für die einen oder anderen auch die Trauungsmesse, die oft sehr persönlich vorbereitet und gestaltet wird. Alle diese Namen zusammen beschreiben das Ganze und den Reichtum des großartigen Ereignisses, das wir seit der Liturgiereform des Zweiten Vatikanischen Konzils wieder mehr mit dem griechischen Namen Eucharistie bezeichnen. Es erinnert an die jüdischen Preisungen, die die Werke Gottes rühmen in der Schöpfung, der Erlösung und der Heiligung seines Volkes. Das griechische Wort „eucharistein“ heißt „Dank sagen“. Damit greift die Bezeichnung auf das zurück, was Jesus im Abendmahlsaal getan hat, als er Brot nahm, den Dank sagte und das Brot teilte und seinen Jüngern reichte. Wir danken also in der Eucharistiefeier mit Jesus Christus Gott dem Vater für seine großen Taten, seine Güte, seine Kraft und seine Herrlichkeit.

Ein besonderes Fest

Die Eucharistiefeier am Sonntag ist immer ein besonderes Fest. Denn jeden Sonntag feiern wir Ostern, den „ersten Tag der Woche“ (Mk 16,2.9), an dem der auferstandene Christus den Aposteln in der jungen Kirche in Jerusalem den Frieden gebracht hat. Die Mitfeier der heiligen Messe ist für „jeden Getauften wirklich das Herz des Sonntags“ (Papst Johannes Paul II., Novo Millennio Ineunte, Nr. 36). Das ist nicht bloß, um eine Pflicht zu erfüllen, sondern um „ein wahrhaft bewusstes und stimmiges christliches Leben“ zu führen. Die Eucharistiefeier sammelt die Christen am Sonntag zu einer großen Familie „um den Tisch des Wortes und des Lebensbrotes“. Bei dieser Feier entsteht Gemeinschaft und wird das Zusammenleben gestärkt. Es ist dies ein Tag, der durch die Auferstehung Jesu allem Lebensdunkel das stärkere Licht der Hoffnung entgegensetzt. Dazu dient die Versammlung derer, die das Gedächtnis der Lebenshingabe begehen und sich für den schon begonnenen Frieden Gottes unter uns Menschen stärken und erneuern lassen.

Und wenn dann nach den Sonntagsmessen in unseren Dörfern die Menschen auf den Kirchplätzen noch beieinander stehen, ist das ein Bild des vertrauenden Zugehens aufeinander und des vertrauten Umgangs miteinander, der Erfahrung der Aufmerksamkeit und Wertschätzung füreinander. Viele sehen und treffen da einander, erzählen, was ihnen in den vergangenen Wochen wichtig war. Trotz der vielen Telefongespräche im Laufe einer Woche ist das Beisammenstehen nach der heiligen Messe etwas Besonderes. Freilich – manchmal sollten die Einzelnen auch darauf achten, wer neu dazugekommen ist, ob jemand darauf wartet, auch angesprochen und aufgenommen zu werden in diese mit der heiligen Messe verbundene Kommunikationsgemeinschaft.

Auf dem Land sieht man nach dem Gespräch auf dem Kirchplatz dann die Kirchgänger in alle Himmelsrichtungen nach Hause fahren. Da denke ich an das schöne Bild im Buch Ezechiel (Ez 47,1–12). Der Prophet erzählt, dass das Wasser vom Tempel, aus dem Heiligtum Gottes, in alle

Himmelsrichtungen fließt. Und wo das Wasser hinkommt, blüht die Natur auf. So wird es hoffentlich auch mit den Christen sein, wenn sie aus der Messe kommen, noch eine Zeit verweilend miteinander sprechen und erzählen und dann nach Hause gehen: Überall im Land blühen Liebe und Leben, Freude und Hoffnung auf.

Gewitterwolken als Bild für innere Auseinandersetzung, Unruhe, Unklarheit, Unfreiheit, Anspannung und Not. Erst das Entspannen des Wolkenmeeres durch viele kleine Wassertropfen schafft Erleichterung und manchmal ein Versöhnungsgeschenk. Der Regenbogen meint die Verbindung zwischen Gott und den Menschen. In allen Farben knüpft Gott das Band des Friedens nach dem Reinigen der Seele.

Das Sakrament der Beichte

Nachdem man Johannes ins Gefängnis
geworfen hatte, ging Jesus wieder
nach Galiläa; er verkündete das Evangelium
Gottes und sprach:
Die Zeit ist erfüllt, das Reich Gottes ist nahe.
Kehrt um und glaubt an das Evangelium
(Mk 1,14–15).

Johannes der Täufer, ein fast gleich alter Verwandter von Jesus, ruft die Menschen zur Umkehr auf und fordert, dass sie einen neuen Weg einschlagen sollen. Er sieht, dass die Zeit zu einem Neubeginn gekommen ist, und mahnt zu einer Lebensänderung. Dabei findet er sehr scharfe Worte. Ganz anders ist das Programm Jesu. Mit dem Mann aus Nazareth beginnt eine neue Zeit durch die Zusage, dass Gott bei den Menschen ist und sein Reich bereits begonnen hat. Seine Verkündigung ist Ansage des Heils. Er sagt: „Die Zeit ist erfüllt, das Reich Gottes ist nahe." Dann erst kommt der Ruf zur Umkehr, um dem Evangelium zu trauen, also an die Frohbotschaft zu glauben. Die Verkündigung Jesu beginnt mit der Zusage und nicht mit dem Appell zur Lebensänderung. Die Mitteilung, dass das Reich Gottes da ist, d. h. die Zusage der Gnade, bewirkt die Lebensänderung und befähigt zu einem Neubeginn.
Zuerst gibt es – so heißt es später im Johannesbrief – das „Wort des Lebens": „Denn das Leben wurde offenbart; wir haben gesehen und bezeugen und verkünden euch das ewige Leben, das beim Vater war und uns offenbart wurde. Was wir gesehen und gehört haben, das verkünden wir auch euch, damit auch ihr Gemeinschaft mit uns habt. Wir aber haben Gemeinschaft mit dem Vater und mit seinem Sohn Jesus Christus. Wir schreiben dies, damit unsere Freude vollkommen ist" (1 Joh 1,1–4).

Verkündigung schenkt Freude

Verkündigung strebt nach Gemeinschaft und hat das Ziel, Freude zu schenken. Im Netzwerk der Gemeinschaft mit Gott und untereinander entsteht eine Atmosphäre der Freude und des Lebens. Diese Gemeinschaft miteinander und die hingebende Liebe Jesu reinigen den Menschen von seinen Fehlern und Schwächen, von seinem Versagen und seinem bloß Auf-sich-selbst-bezogen-Sein.

Zusage der versöhnenden Liebe Gottes

In diesem großen und weiten Horizont des Reiches Gottes leben wir, und in dieser Zusage der Liebe Gottes gestalten wir unsere Beziehungen. Das ist der Boden, auf dem wir unsere Lebensentfaltungen planen und auf dem wir in unseren Grenzen menschlicher Zuwendung nach einer neuen Weite des Herzens suchen. Dem hat das Sakrament der Buße zu dienen. Als Liebeserklärung Gottes in eine vom Menschen oft nicht wahrnehmbare Situation der eigenen Schatten und Dunkelheiten gilt es, die Chance der Zusage der versöhnenden Liebe Gottes neu zu entdecken.

Einladung zum Geschenk der Versöhnung

Vielen Christen fällt heute aber der Zugang zum Sakrament der Buße, das auch das Sakrament der Beichte genannt wird, schwer.
Dies hängt meist mit persönlichen Beichterfahrungen zusammen, andererseits aber auch mit der Form der Feier der Beichte. Manche haben Scheu vor den alten Beichträumen. Viele wissen nicht mehr, wie sie es sagen sollen und was sie bei der Beichte tun müssen.
Die Beichte ist mit der Befürchtung verbunden, dass man zu etwas gezwungen oder bevormundet werde. Auch für die Beichte gilt: Ein Sakrament der Kirche kann nur in geschenkter Freiheit und ohne jeden äußeren Zwang empfangen werden. Der Grund dafür ist Gott selbst. Er zwingt niemandem seine Gnade auf, und er selbst lässt sich nicht zwingen.
Gott selbst ist es, der uns durch Jesus Christus mit sich

versöhnt hat. Wir sind in seinem Namen berufen und eingeladen, dieses Geschenk der Versöhnung mit Gott, mit den anderen, mit uns selbst und mit der ganzen Welt anzunehmen.

Einladung zur heilsamen Begegnung und Änderung

Im Mittelpunkt des Bußsakramentes steht die Einladung Gottes zur heilsamen Begegnung mit Jesus Christus, so wie es uns im Evangelium erzählt wird. Jesus geht auf die Menschen zu, tritt in ihre Lebenssituation, kommt in ihr Haus, feiert als Gast mit ihnen die Gemeinschaft. In dieser Begegnung erfahren die Menschen, wer Gott ist und wie Gott zu ihnen ist. Die Menschen befinden sich dadurch wieder, oft unversehens, bei Gott, in seiner Nähe. Sie können in diesem Klima der Gastfreundlichkeit und des Vertrauens erfahren, dass Gott zu ihnen gekommen ist. Diese Begegnung mit Gott macht sie frei, auch sich selbst aufrichtig wahrzunehmen. Im Lichte der ihnen entgegengekommenen Liebe Gottes erkennen und erfahren sie, wer sie sind und wer sie nicht unbedingt bleiben müssen. Wenn sie sich als Menschen erkennen, die nicht in und aus der Liebe Gottes leben, werden sie durch diese heilsame Begegnung mit Gott in Jesus Christus nicht darauf festgelegt, so bleiben zu müssen. Im Gegenteil: Sie werden durch das Klima der Menschenfreundlichkeit und Aufrichtigkeit ungezwungen ermutigt und befreit, ihre Situation einzusehen und zu bekennen, das Gute mit Freude zu tun und sich zu ändern. Die Erfahrung der Liebe Gottes in ihrem Leben führt die Veränderung herbei. Nicht die selbst gemachte Bekehrung, sondern diese von Gott geschenkte Zusage der Gnade ermöglicht es Gott und dem Menschen, ihre Liebe wieder wachsen zu lassen.

Vom Heimkommen des Menschen

Einen besonderen Platz in den biblischen Geschichten der heilsamen und befreienden Gottesbegegnung nimmt das Gleichnis Jesu vom gütigen Vater und seinen Söhnen ein, das uns in Lk 15,11–32 überliefert ist.

Die Freude des Vaters über das Heimkommen seines Sohnes aus der Fremde und die aufrichtende Umarmung sind Symbole der Vergebung. Jesus erzählt uns vom barmherzigen Vater, der auf den verlorenen Sohn zugeht und ihn umarmt. Wie der verlorene Sohn sich vom Vater von Anfang an angenommen und in seiner Würde wiederhergestellt erfährt, so sollen sich jeder Christ und jede Christin durch das Sakrament der Buße wieder neu bejaht und geliebt erfahren. Der Priester hat sich deshalb wie der gute Hirt zu zeigen, der dem Verlorenen nachgeht, bis er es findet. „Und wenn er es gefunden hat, nimmt er es voll Freude auf die Schultern, und wenn er nach Hause kommt, ruft er seine Freunde und Nachbarn zusammen und sagt zu ihnen: Freut euch mit mir; ich habe mein Schaf wieder gefunden, das verloren war. Ich sage euch: Ebenso wird auch im Himmel mehr Freude herrschen über einen einzigen Sünder, der umkehrt, als über neunundneunzig Gerechte, die es nicht nötig haben, umzukehren“ (Lk 15, 5–7).

Jesus erzählt, dass der verlorene Sohn in der äußersten Not der Fremde und der Heimat- und Obdachlosigkeit seines Leibes, seiner Seele und seines Geistes auf sich selbst einzureden und Mut zu machen versucht, dass er das Recht seiner Kindschaft wieder in Anspruch nimmt. Er sagt zu sich, dass er seinem Vater sagen wird: „Ich bin nicht mehr wert, dein Sohn zu sein.“ Heute darf man auch ergänzen: „… deine Tochter zu sein.“ „Da brach er auf und ging zu seinem Vater“ (Lk 15,19). In dem Augenblick, als er sich darauf besinnt, Kind zu sein, obwohl er von sich aus seine Würde verspielt hat, beginnt er, sich seiner wahren Identität zu erinnern. Er kommt in der äußersten Entfremdung und Verlorenheit wieder auf den Grund seines Seins. Er erinnert sich, dass er ein Mensch ist, der Sohn seines Vaters. Plötzlich hört er wieder auf diese innere Stimme, die ihn den Sohn nannte, und er fühlt die Kraft des Segens, er spürt neue Hoffnung.

Einladung zur Umkehr

Manchmal sind wir Menschen in uns selbst verkrümmt und eigensüchtig. Wir können uns dann nicht mehr aufrichten, wir können uns selbst und den anderen nicht verzeihen und wollen auch keine aufrichtigen Begegnungen zulassen. Wir schließen uns selbst aus und ab, vertrauen nur auf uns selbst, unsere eigene Leistung und glauben, unser Heil selbst machen, uns selbst erlösen zu können. Wir wollen uns weder von Gott noch von einem Menschen zur Änderung bewegen lassen.

Jesus kennt diese menschlichen Sackgassen. Er will nicht, dass wir darin hängen, stecken oder liegen bleiben, und lädt uns zur Umkehr ein, zur Neuorientierung am befreienden und erlösenden Gott. Umkehr bedeutet dann zunächst, barmherzig und gerecht zu sich selbst zu sein. Ich kann dann wieder zulassen, dass Gott mir gefehlt hat, dass er mir „nachgeht“, dass ich ihn schmerzlich vermisst habe. So wird seine Liebe mir den Weg aus der Situation der Isolierung zeigen. Der christliche Weg der Umkehr geht weit über das Aufarbeiten der vergangenen Sünden und der Schuld hinaus. Gott richtet den von ihm weggegangenen Menschen auf, schenkt ihm Liebe und Erbarmen und tröstet ihn, damit er umkehren kann.

Gott – Anwalt der Menschen

Um es im Bild des Gleichnisses Jesu vom gütigen Vater mit den zwei so verschiedenen Söhnen zu sagen:
Der Weg zum Vater ist weit und noch dazu von der Angst davor begleitet, was er mir und was ich ihm beim Wiedersehen sagen werde. Das Evangelium erzählt, dass der verlorene Sohn regelrechte Reden vorbereitet. Er überlegt, was er sagen wird, und formuliert vor sich hin: „Vater, ich habe mich gegen den Himmel und gegen dich versündigt. Ich bin nicht mehr wert, dein Sohn zu sein; mach mich zu einem deiner Tagelöhner“ (Lk 15,18–19). Diese seine wohl vorbereitete Rede aber wird in der aufrichtenden Umarmung des Vaters, in seiner bergenden Liebe buchstäblich untergehen.

Fragen Gottes zum Wohl der Menschen

In diesem Gleichnis Jesu geht es nicht darum, was irgendwann geschah. In dieser jederzeit aktuellen Geschichte hören auch wir heute die Frage Gottes, die er an Adam stellte: „Mensch, wo bist du? Wohin hast du dich von mir, von dir, von den anderen entfernt, entfremdet? Was hast du vor mit dir, mit den anderen, mit Gott? Was könnte ich dir vorenthalten haben? Willst du nicht doch wieder ein Liebender/eine Liebende, ein Vertrauender/eine Vertrauende werden und in Wahrheit aufstehen?“ Dies sind Fragen *für* den Menschen, nicht gegen ihn. Gott stellt sich damit ganz auf die Seite des Menschen. Gott ist in Jesus Christus zum aufrichtigen Anwalt der Menschen geworden, seien sie Sünder oder Gerechte (Röm 8,34).
Wie oft bereiten auch wir Reden vor, die wir dann vielleicht gar nicht halten können? Es sind Reden, mit denen wir

uns rechtfertigen wollen, herausreden, entschuldigen, erklären, behaupten und verteidigen. Irgendwie scheint das Sich-herausreden- oder Auf-andere-verschieben-Wollen seit „Adam und Eva“ zum Menschen zu gehören. Es wird seelische Energie aufgewandt für zermürbende Scheindialoge und Ausreden. Dabei sieht es so aus, als ob der Mensch die Frage Gottes vergessen hat: „Wo bist du?“ (Gen 3,9)
Es ist eine Tragik, die Menschen immer wieder erfahren, wenn sie sich durch Misstrauen innerlich entzweien und sich auch mit dem Menschen entzweien, der ihnen nahe und wertvolle Hilfe ist. Dann beginnt oft dieses Abschieben von sich weg auf andere. Es beginnt der Kreislauf der Schuldzuweisungen.
Was in der biblischen Erzählung (Gen 3 f.) von Adam und Eva zwischen Mann und Frau an Entzweiung und Entfremdung aufgekommen ist, das geschieht auch zwischen ihren Kindern, den Brüdern. So lesen wir es in der Geschichte von Kain und Abel. Sie misstrauen einander. Der eine wirft dem anderen vor, er habe ihm etwas vorenthalten. Es scheint immer derselbe alte Kreislauf zu sein, in den der Mensch hineingezogen wird. Es ist ein „Räderwerk“ von Verstrickungen in Schuldzuweisungen und in ausweglose Situationen. Aber immer ist Gott *darin* unterwegs mit Liebe, um den Menschen zu suchen, zu entdecken, zu befreien aus den Hilflosigkeiten der Seele.

Lebensmöglichkeiten schenken lassen

Wie verstrickt sind doch oft die Lebenssituationen der Menschen! Wie schnell geben Menschen einander wieder auf und lassen einander fallen! Wie rasch passiert es, dass man sagt: „Mir wurde etwas vorenthalten, und das nehme ich mir jetzt!“

Und gerade in solche verfahrenen menschlichen Situationen geht Gott hinein, er geht auf die Menschen zu. Er lässt sie nicht in ihrem Elend hängen. Mit Leidenschaft sucht er nach den Menschen. „Wo bist du?" fragt er Adam. „Mensch, wo steckst du? Wo hast du dich versteckt? Wie steht es mit deinem Vertrauen zu mir? Mein Vertrauen zu dir gilt immer noch, ich habe es nicht zurückgenommen oder aufgekündigt." Wenn Gott den Menschen fragt: „Wo bist du?", dann will er damit den Menschen nicht bloßstellen oder anprangern. Er will ihn finden, um ihm neue Lebensmöglichkeiten zu schenken, damit er sich wieder sehen lassen kann auch bei und vor den anderen, damit er sein ursprüngliches Ansehen, seine Würde als Geschöpf und Kind Gottes wiederbekommt.

Gottes Liebe entdecken

Es kann ein langer und schwieriger Weg sein, sich für diese Liebe Gottes wieder zu öffnen und sie sich zusprechen zu lassen. Dieser Weg zur heilsamen Begegnung und Bekehrung im Bußsakrament ist für viele Menschen im wortwörtlichen Sinn not-wendig, denn Gott kann so ihre Not wenden, wenn sie ihm und auf ihn vertrauen. Das Bußsakrament zeigt uns Gott als den entgegenkommenden Vater, der immer alle Menschen liebt, auch die, die sich in ihrem Leben weit von ihm entfernen und entfernt haben.

Heilung

Beichte ist Heilung von körperlichen, seelischen und geistigen Wunden. Beichte ist Weg und Erfahrung der Befreiung von Zwängen und Gewohnheiten, die den Menschen in seiner inneren und äußeren Freiheit einengen oder lähmen. Immer wieder begegne ich Menschen, die mit einem

Grundgefühl leben, dass ihr Leben „ganz daneben“, nicht lebenswert ist. Daraus ziehen sie für sich den Schluss, dass sie nur eine Last sind, ein Problem oder ein hoffnungsloser Konfliktfall. Sie meinen, dass sie „nur“ die Zeit der anderen vergeuden und auch sinnlos deren Energie in Anspruch nehmen. Diese Menschen leben in einer Dunkelheit, in die nur schwer ein Licht gelangen kann und aus der kein Ausweg ans Licht der Umkehr und Vergebung führt. Sie scheinen den Glauben an ihr Gutsein verloren oder aufgegeben zu haben. Manche Menschen meinen auch, sich das Leben selbst verdienen zu müssen, und arbeiten an Erfolg und Leistung. Haben sie die Stimme von ihrer Taufe vergessen: „Du bist mein geliebter Sohn, meine geliebte Tochter!“, unabhängig von Leistung oder Misserfolg?
Die Texte der Bibel erinnern uns, dass auch wir durch die Taufe herausgenommen sind aus dem Schuldzusammenhang, aus diesem Sog des Misstrauens von Mensch zu Mensch.

Verwandlung von Energie

Anselm Grün spricht von der „Energie transformierenden Funktion der Sakramente“ und meint, dass diese vor allem in der Beichte deutlich wird. Durch die Vergebung wird die Energie, die in unserem Versagen steckt, in eine kreative Kraft neuen Lebensmutes umgewandelt.
Wenn Menschen nicht mehr zur Beichte kommen, dann sehe ich, dass sie auch auf andere Weise eine Verwandlung durch Gottes Liebe nicht annehmen wollen oder können. Irgendetwas scheint sie zu fesseln, was sie an der Energie des Versagens festhalten lässt. Sie meinen, alles allein schaffen zu können. Das hält sie davon ab, Gott die Möglichkeit zu geben, die belastende Vergangenheit zu verwandeln und einen neuen

Anfang zu gewähren. Manche Menschen scheinen dabei zu glauben, sie müssten Gott mit ihrer Verweigerung beweisen, dass er mit ihrem Versagen nicht fertig werde und ihre Finsternis für ihn unüberwindlich sei.
In der Beichte als Annahme und Erfahrung kreativer Energie der Gnade mutet dagegen der Mensch sich Gott zu im Vertrauen und in der Hoffnung, dass er ihn annehmen, heilen und erneuern werde.

Einen neuen Blickwinkel suchen

Oft verwenden wir Menschen viel Energie, um für unsere Verfehlungen einen Schuldigen zu suchen, z. B. unsere Eltern, unsere Geschichte, unsere Erziehung, die sozialen Umstände, meine körperliche, seelische oder geistige Verfassung. Wie anders wird doch das Leben, wenn das Suchen nach Schuldigen aufgegeben und dafür das heilsame Wirken Gottes aktiv zugelassen wird. Dann geht man vertrauend davon aus, dass Gott jeden Menschen liebt und ihn zu einem Liebenden werden lassen will, wie dies in der Begegnung Jesu Christi mit Zachäus geschah. Als Jesus durch Jericho ging, sah er auf einem Baum den Oberzöllner Zachäus, den „Wirtschaftserpresser" und Mitarbeiter des römischen Staates. Und ihm traute Jesus zu, dass er ein Liebender sein kann. Er bat ihn und sagte: „Schenke mir deine Gastfreundschaft", und er krönte Zachäus mit der Zumutung, sich als von Gott Geliebter anzunehmen und ein Gott Liebender zu sein. Jesus Christus ging auf ihn zu ohne Vorurteile. Er setzte ihn nicht unter Druck. Er rief ihn heraus aus seinem Versteck im Baum, aus seiner Passivität, aus seiner Distanz und aus seinem Sich-heraushalten-Wollen, er ließ ihn wieder zu einem in Freiheit handelnden und liebenden Menschen werden.

Gott unterstellt dem Menschen Liebenswürdigkeit

Wenn es Gott, dem Vater Jesu Christi, geglückt ist, Jesus in der Auferstehung neues Leben zu schenken und damit deutlich zu machen, dass der Tod nicht das letzte Wort über das Leben ist, … wenn es diesem Gott geglückt ist, die Versagensenergie zu verwandeln, … dann ist für uns und die ganze Welt die geglückte Vollendung kein leerer Traum mehr, sondern schon Wirklichkeit. Die Menschen leben dann in der schon begonnenen Endzeit. Was zu Weihnachten verkündet wurde: „Heute ist euch der Retter geboren" (Lk 2,11), das gilt noch immer und für immer. Jesus schaut auf zum Menschen, unterstellt ihm Liebenswürdigkeit, legt ihn nicht auf seine Vergangenheit fest, erschließt ihm seine wahre Zukunft und Bestimmung.
Ich bin dankbar, zu wissen, dass mir schon bei der Taufe zugesagt wurde, dass Gott mich gekrönt hat mit dieser Zumutung, ein von ihm unendlich Geliebter zu sein. Und er kommt damit auch immer wieder auf mich zu und provoziert mich, auch ein Liebender zu sein.

Begegnung mit der Liebe Gottes

Wenn man heute mit Menschen über die Beichte spricht, dann hat man den Eindruck, dass die Beichte für die Menschen das Sakrament ist, das ihnen zwar die Sünde bewusst macht, aber nicht das Sakrament, das ihnen die Barmherzigkeit und Vergebung Gottes nahe bringt und schenkt. Das können wir auch erleben, wenn wir Kinder fragen, warum sie zur Beichte gehen sollen. Da sagen dann manche: „Beichten gehen heißt, seine Sünden sagen." Leider sagen sie nicht: „Beichten gehen heißt, die vergebende Liebe Jesu Christi entgegennehmen." Im Grunde geht es bei

Wie oft tappen wir Menschen im Dunkeln. Wir verlieren die Orientierung und kennen uns nicht mehr aus. Menschen gehen auch den Weg von Neid, Hass, Egoismus und Unwahrheit. Gott öffnet die Tür zur Vergebung. Er leuchtet in unser Herz, damit wir wieder herausfinden aus den Verwirrungen in der Dunkelheit und in seiner Liebe wachsen können.

der Beichte um die Begegnung mit der Liebe Gottes, der unser Leben in seiner Liebenswürdigkeit wieder lebendig macht. Dieser Gedanke ist noch nicht genug im Volk Gottes verbreitet. Es gibt leider noch viele Missverständnisse über die Beichte und zu viele Ängste und Vorbehalte, sich die Versöhnung Gottes zusprechen zu lassen. Freilich ist es nicht einfach, das eigene Versagen wahrzunehmen, weil manchmal das Herz blind ist. Noch schwieriger scheint es aber zu sein, sich ein wahres Wissen um die Barmherzigkeit Gottes schenken zu lassen. Das eine geht jedoch nicht ohne das andere. Die Entdeckung und Anerkennung der vergebungsbereiten, unendlichen Liebe Gottes, die es dem Menschen ermöglicht, seine Fehler einzusehen, ist sehr schwer zu vermitteln. Wahrscheinlich hängt das auch damit zusammen, dass die Kirche noch mehr oder wieder neu als Raum der Barmherzigkeit und der vergebenden Liebe gelebt und entdeckt werden müsste. Es geht ja bei der Beichte nicht um eine Anklagerede, sondern um die Weise, wie „Jesus Christus als der Gekreuzigte vor Augen gestellt" wird (vgl. Gal 3,1). Im Grunde geht es darum, den Ruf des Paulus an die Korinther weiterzuführen: „Wir sind also Gesandte an Christi Statt, und Gott ist es, der durch uns mahnt. Wir bitten an Christi Statt: Lasst euch mit Gott versöhnen!" (2 Kor 5,20)
Das bedeutet: Wenn also nicht auch die Gemeinschaft in der Gesamtheit ihrer Glieder ihre Sünde einsieht und danach verlangt, zur vollen Versöhnung mit Gott, ihrem Retter und Erlöser, zu finden, ist dadurch auch für die Einzelnen die Möglichkeit erschwert, sich der Einladung Gottes zu stellen, in Jesus Christus Versöhnung mit sich selbst, mit den anderen und mit Gott zu suchen und zu finden.

Erstbeichte

Ein besonders sensibles Feld der Seelsorge ist die Hinführung der Kinder zur Erstbeichte als Sakrament der Versöhnung. Die sakramentalen Zeichen, die das Sakrament bilden, müssen den Kindern jeweils erklärt werden. Vor allem aber sind die Kinder daraufhin gut zu begleiten, damit sie dadurch eine Entwicklung ihres sittlichen Bewusstseins erlangen. Wenn man versucht, Kinder in der Beichte auf die Begegnung mit der Liebe Gottes vorzubereiten, wird es manchmal auch notwendig sein, diese Kinder behutsam und sensibel mit der Treue und Verlässlichkeit Gottes vertraut zu machen. Manche Kinder müssen ja auf sehr dramatische Weise erleben, dass ihre eigene Familie ein Ort der Untreue ist wegen der Entzweiung der Eltern. Dadurch wird die eigene Familie nicht mehr als Ort der Geborgenheit erfahren, sondern als ein Ort der Entstabilisierung erlebt und erlitten. Manche Kinder sagen: „Wegen mir haben Mama und Papa einander nicht mehr gern." Von daher ist es wichtig für den Beichtvater, die Kinder sehr behutsam dahin zu führen, dass sie das Sakrament der Versöhnung als einen Ort der Treue Gottes erleben. Gott steht zu ihnen. Deshalb ist es wichtig, den Kindern zu sagen: „Gott wird, was immer dir zustößt und was immer du tust, dich lieben und dich nie aufgeben." Dabei wird es dann für die Priester wichtig sein, den Kindern im Sakrament der Beichte auch die Kraft und den Raum der gegenseitigen Vergebung zu erschließen und zuzumuten, indem man ihnen sagt: „Wenn Gott dich in deiner Lieblosigkeit annimmt, wirst du auch Papa und Mama und deinen Geschwistern wieder mehr Liebe schenken können. Selbst wenn sie es dir schwer gemacht haben."

Die einzelnen Lebensbereiche des Kindes zu erhellen und

mit ihm zu schauen, wo Fehler vorliegen können, ist ein sehr einfühlsamer Vorgang, der von einem ermutigenden Gespräch in einem vertrauensvollen, friedlichen und vom Gebet geprägten Ton getragen sein muss.

Sakrament der Stärkung

Die Beichte ist eine Begegnung mit Gott in Jesus Christus im Raum der Kirche. Der versöhnende Gott nimmt in seiner Gerechtigkeit und Barmherzigkeit den Menschen an, verzeiht ihm die Schuld und schenkt ihm einen neuen Anfang im Leben. Dieses Sakrament ist deshalb eine Heimkehr zu Gott. Es stärkt und sensibilisiert für das Geschenk der Liebe, indem es das eigene Leben auch mit seinen Abgründen vertrauensvoll vor Gott stellen und wandeln lässt. In diesem Sakrament kann zur Sprache kommen und zum Ausdruck gebracht werden, was der Liebe zu Gott, zu den anderen und zu sich selbst widerspricht. Durch das Sakrament der Beichte kann wieder geheilt und versöhnt werden, was verwundet, entzweit und in heillose Widersprüche verstrickt war. Die Erfahrung und Feier der Beichte wird dadurch zur aufrichtigen und aufrichtenden Lebenserneuerung in Jesus Christus.

Ein neuer Schritt in die Gemeinschaft der Kirche

Das Bußsakrament ist das wirksame Zeichen, in dem die Menschen die Zusage der Verwandlung in die Liebe Gottes erfahren und so die Gemeinschaft der Kirche stärken. Wer zur Beichte geht, ist dort angelangt, wo er erkannt hat und bekennt, dass er die Orientierung am Evangelium und an der Liebe Gottes verlassen oder aufgegeben hat. Er bedarf dann dieses Schrittes, in dem er sich einen Neuanfang mit Gott, für sich und die anderen schenken lassen möchte.

Das Sakrament der Buße will also feiern und erfahren, wer in beruflichen oder privaten Projekten sein Leben wieder klarer und entschiedener unter die Führung Gottes stellen will. Dieses Sakrament hilft ihm, innerlich wahrhaftig zu werden und offen auf Gott zu hören. So ist es auch sinnvoll und angebracht, besonders im Zusammenhang mit der Vorbereitung auf den Empfang eines anderen Sakramentes (Firmung, Ehe, Weihe, Krankensalbung, auch Eucharistie – nicht nur bei der Erstkommunion), das Bußsakrament zu empfangen. Die Feier der einzelnen Feste des Kirchenjahres (Weihnachten, Ostern, Pfingsten) ist immer auch eine besondere Zeit, sich durch den Empfang und die Feier des heiligen Bußsakramentes innerlich und äußerlich erneuern und versöhnen zu lassen, um wieder aufmerksam und liebevoll auf Gott, die anderen Menschen und sich selbst zu hören.

Verpflichtung sich selbst gegenüber

In sehr unterschiedlichen Situationen des Versagens und der Schuld begegnen Menschen also dem vergebungsbereiten Gott. Manche kommen, weil sie die Lebensorientierung am Evangelium so aufgegeben haben, dass sie einen neuen Anfang setzen müssen und wollen. Andere gehen wieder zur Beichte, weil sie in ihrer christlichen Lebenspraxis Treue und die notwendige Verbindlichkeit vermissen ließen. Denn wenn man entdeckt, dass man in einer schwerwiegenden Sache willentlich lieblos gehandelt hat und so die Beziehung zu Gott, den Mitmenschen und sich selbst gestört oder zerstört ist, besteht die innere Verpflichtung zum Neuanfang durch den Empfang des Bußsakramentes.

Die Verpflichtung zur Beichte ist nicht eine disziplinäre Vorschrift und auch keine willkürliche Maßregelung. Das

Bußsakrament ist keine disziplinierende Maßnahme, durch die eine Last auferlegt wird, sondern eine herausfordernde Chance, die dem Menschen heilend entgegenkommt, die einen Neubeginn eröffnet und verlässlich zuspricht. Die Liebe Gottes sucht den Menschen und befreit zu einem neuen Leben mit Gott und den Mitmenschen.

Sünde ist nicht nur ein Wort, sondern prägende Erfahrung und Haltung

Sünde ist ein Wort, das heute so vielfältig verwendet wird, mit dem aber viele im Blick auf Gott nur mehr wenig anfangen können. „Warum soll ich noch beichten?“ fragen manche und sagen gleich dazu: „Ich habe ja keine Sünden.“ Bei vielen Christen spielt die Erfahrung der Sünde im Blick auf Gott keine Rolle mehr. Manche erschreckt dieses Wort, und sie wenden sich deshalb auch von der Kirche ab, weil sie diese Sprache nicht hören wollen oder hören können. Demgegenüber werden in der Öffentlichkeit, in den Medien je nach Stimmung und Trend Verfehlungen verherrlicht oder erbarmungslos verurteilt.
Es ist nicht leicht, das eigene Versagen wahrzunehmen, sich einzugestehen, dass man selbst auch Fehler gemacht hat. Es ist ein Anerkennen der eigenen Schwachheit und Unwahrhaftigkeit vor Gott, vor sich selbst, vor den anderen.
Im Eingestehen der eigenen Schwächen tun sich viele sehr schwer. Gleichzeitig aber ist zu beobachten, dass viele von den Fehlern ihrer Freunde erzählen, vom Versagen in der Partnerschaft, von den Schwächen der Kollegen. Sie sprechen immer wieder von der Schuld und den Verfehlungen der Menschen. Andererseits aber wollen sie nicht, dass die Kirche von der Sünde spricht.
Im christlichen Glauben wird die Sünde als eine Verwei-

gerung gegenüber Gott gesehen, der den Menschen zum Glück und zur Fülle des Lebens ruft. Wer sündigt, verschließt sich der Hoffnungsgeschichte, die Gott mit dem Menschen in den Chancen und Belastungen seines Lebens schreiben möchte. Sünde ist dann ein Sich-Verschließen gegen notwendige Lebensentfaltungen und Lebensveränderungen.

Bei der Sünde geht es nicht nur um die Verfehlung eines Einzelnen, sondern auch um eine gemeinsame Schuld und Verantwortung eines Volkes. So sprechen wir auch von den „Sünden der Kirche", besonders wenn sie von denen begangen wurden, die berufen und ermächtigt sind, im Namen der Kirche zu handeln.

Auch heute geschehen Fehler in der Kirche. Das hat schädliche Folgen und Auswirkungen auf die zivile Gesellschaft. Ich erinnere mich an das starke Zeichen, das Papst Johannes Paul II. setzte, als er im Jubiläumsjahr 2000 als Repräsentant der universalen Kirche im Blick auf ihre Vergangenheit für die Sünden und Fehlleistungen der Kirche und ihrer Glieder öffentlich und ausdrücklich um Vergebung gebeten hat.

Reue

Jeder Mensch, der versagt und sich verfehlt hat, will, dass dies nicht bekannt wird. Wer versagt, möchte, dass keiner davon erfährt. Aber erst dort, wo jemand seine Fehler anerkennt und sich in der Reue von ihnen distanziert, kann er sich vor einem anderen schuldig bekennen. Reue ist die innere Einsicht, das Fehlverhalten so zu sehen, dass man sagen kann: „So geht das nicht. Ich mache das nicht mehr, weil ich von einer größeren Liebe begeistert und in Anspruch genommen bin."

Bereuen heißt, wieder auf Gott hören lernen. Dazu bedarf es einer gewissen Zeit der inneren Ruhe und des Zulassens der Liebe in ihren Entfaltungen und Wachstumschancen.

Bekenntnis

Zur Beichte gehört, dass der Einzelne sagt, wo er sich in seinem Leben verfehlt hat. Er sagt, was ihn in seinem Leben belastet, wo er den Weg des Evangeliums verlassen, wo er der Liebe Gottes zu wenig vertraut hat. Das Versagen gegenüber der Liebe Gottes wird ausgesprochen, und das ist schon ein wichtiger Schritt der heilenden Versöhnung. Wichtig ist, dass sich der Beichtende Zeit nimmt, um sich und sein Leben gegenüber dem Beichtvater vor Gott ins Wort zu bringen. Er muss dabei nicht nach einem vorgefertigten Schema vorgehen oder unter Erwartungsdruck stehen. Vielmehr soll die Begegnung mit Gott in der Beichte Grundhaltungen der Liebe festigen, die zu einem neuen Leben und zu einer neuen geistlichen Lebensweise in Jesus Christus vor und mit Gott führen. Das Bekenntnis der eigenen Fehler in der Beichte schenkt neue Begegnung im Glauben.
Eine Lieblosigkeit – und jede Sünde ist ja eine Erscheinungsform der Lieblosigkeit – wird nie ganz klar definiert werden können. Sie ist selten bis ins Letzte klar „fassbar" oder zu erklären. Deshalb sollte sie erzählt, offen dargelegt und nicht gedeutet werden. Es geht ja dabei nicht um eine Sachmitteilung, sondern um Selbstmitteilung. Es geht um aufrichtige Selbstoffenbarung des Menschen vor dem ihm in unendlicher Liebe zugewandten Gott.
Oft fällt das Bekenntnis vor dem ferner scheinenden Gott leichter als vor einem sichtbar anwesenden Menschen, ob-

wohl es umgekehrt eher natürlich wäre. Wer sich dem Priester in der Beichte konkret als derjenige anvertraut, der er ist, mit seiner Lieblosigkeit und seinen Fehlern, darf sich auch in allem und mit allem bei Gott geborgen wissen.
Jedes menschliche Leben hat seinen eigenen Rhythmus. Weil es in der Beichte um die Wahrheit und nicht um eine äußere Zeremonie geht, ist mehr als bei den anderen Sakramenten die Häufigkeit der Beichte in das freie und zugleich verantwortliche Ermessen des Einzelnen gestellt. Es ist hilfreich, in Zeitabständen zur Beichte zu gehen, in denen das Leben noch überschaubar ist.

Zuspruch der Vergebung Gottes

Beichte ist ein Ritus, in dem die Vergebung Gottes verlässlich, wirksam und gültig zugesprochen wird. Dieses Ritual hilft uns, Gott zu glauben, dass er die Sünden wirklich vergeben hat. Ich muss und darf diese unerhörte Zumutung Gottes hören. Der Ritus spricht also auch das Unbewusste an. Der Sünder kann und darf mit jemandem reden, der ihm versichert, dass er auch mit seinen dunklen Seiten angenommen ist. Oft ist ja im alltäglichen Leben nur von den Erfolgsgeschichten die Rede, vom Starksein und Gewinnen, vom Obensein und vom Machthaben. Beichte ist der geschützte Ort und Raum, wo ein Mensch auch von seinen inneren Nöten und Bedrängnissen sprechen darf. Beichte hilft, im Gespräch unter vier Augen in der persönlichen Schuld die Spur des Lebens zu suchen und neu zu finden.
Wichtig ist, dass deutlich wird, dass sich hier eine gemeinsame Offenheit für Gott und sein Wirken im Heiligen Geist vollzieht. Deshalb ist die Beichte auch mehr als eine Gesprächs- oder Aussprachetherapie. Sie ist die Feier eines

Sakramentes der Kirche und hat das Gebet um Vergebung und den Zuspruch des Heiligen Geistes zum Inhalt.

Lossprechung

Die Lossprechung ist eine Entlastung des Menschen. Sie führt in die Begegnung mit dem verzeihenden und versöhnenden Gott. Im Grunde sagt der Priester, was Gott in Jesus Christus jedem Menschen und aller Welt an Heil geschenkt hat. Das wird in der Beichte jedem Einzelnen persönlich zugesprochen. Es ist eine verlässliche Zusage. Wörtlich sagt der Priester: „Gott, der barmherzige Vater, hat durch den Tod und die Auferstehung seines Sohnes die Welt mit sich versöhnt. Durch den Dienst der Kirche schenke er dir Verzeihung und Frieden. So spreche ich dich los von deinen Sünden im Namen des Vaters und des Sohnes und des Heiligen Geistes."

Buße

Das Bußwerk, das dem Einzelnen aufgegeben wird, darf auch als heilende Zusage „therapeutisch" verstanden werden und soll dem Beichtenden helfen, dass er nach Möglichkeit die Ordnung in jenem Bereich wiederherstellt, wo er sie gestört oder zerstört hat. Diese Buße soll ein Heilmittel für die Seele sein und zur beständigen Erneuerung des Lebens beitragen.
Der Akzent und Schwerpunkt liegt auf einer befreiten und bejahenden Antwort auf das Geschenk eines neuen und vertieften Lebens mit Christus und seiner Kirche. Wie das Versagen eine Vorgeschichte hat, so eröffnet die Annahme des Bußwerkes eine unbelastete Nachgeschichte und Zukunft. Es soll die Verheißung in sich tragen, dass der Einzelne seinen neuen Weg aufrichtig weitergehen kann.

Die Lossprechung schließt somit das Bußsakrament nicht vollends ab, sondern leitet zu einem ersten konkreten Schritt in das neue Leben an und ist so etwas wie das verbindende Glied zwischen dem Empfang des Sakramentes und dem neuen Leben.

Gefeierte Hoffnung auf dem Weg zur Heiligkeit

In jeder Beichte wendet sich Gott dem Menschen zu und hebt ihn auf. Dadurch wird der Einzelne von Gott erhoben und befähigt, nun selbst zu Gott hin umzukehren.
Beichte verändert die Situation des Menschen, weil sie ihm lebendig vermittelt, dass er mit der Hoffnung leben darf, dass Gott sein Leben nicht fallen lässt, sondern vollenden wird. Gott hat die Welt mit sich versöhnt. Deshalb macht er uns Menschen fähig, dass wir trotz unserer immer wieder vorkommenden Vergebungsbedürftigkeit die Versöhnung und Vergebung von ihm erbitten und verlässlich erfahren dürfen. Mehr noch: Gott mutet uns darin auch zu, uns in seinem Namen für Vergebung und Versöhnung unter den Menschen einzusetzen und so das von ihm empfangene Geschenk der Versöhnung weiterzugeben und mit anderen zu teilen.
Dies wird im Bußsakrament nicht nur mit dem Verstand begriffen, sondern „mit ganzem Herzen und ganzer Seele" erfahren. Dadurch wird deutlich und offenbar, dass Beichte ein wahrnehmbares Zeichen der Treue Gottes zu uns Menschen ist und dass der Gott und Vater Jesu Christi mit „leidenschaftlichem Eifer" den Menschen sucht, damit der Mensch nicht aufhört, nach Gott zu fragen, ihn zu suchen und in der heilsamen Begegnung des Bußsakramentes zu finden.

Das Sakrament der Krankensalbung

Die Zwölf machten sich auf den Weg
und riefen die Menschen zur Umkehr auf.
Sie trieben viele Dämonen aus
und salbten viele Kranke mit Öl
und heilten sie (Mk 6,12–13).

Jesus sendet die Apostel, damit sie Frieden bringen. So gehen sie zu den Menschen und zeigen ihnen neue Wege der inneren Ausrichtung auf Gott. Sie führen sie gleichsam auf einen Weg der Änderung und Neuorientierung, den das Evangelium „Umkehr" nennt. Sie helfen den Menschen, dass sie mit dem Dämonischen ihres Lebens, d. h. mit dem inneren Chaos ihrer Seele, mit den Dunkelheiten ihres Herzens, mit der inneren geistigen Unruhe wieder zurechtkommen. In diese menschlichen Nöte hinein verkündigen sie in Wort und Tat die heilende Aufmerksamkeit und Zuwendung Gottes. Gerade in der Krankheit erfahren wir oft, dass der innere Unfriede manchen Heilungsprozess verhindert, ja manches Leid verursacht, das mit körperlichen Schmerzen verbunden ist. Die Apostel erzählten und gaben weiter, was Jesus den Menschen schenken wollte, nämlich die heilende Zuwendung Gottes. Jesus trug den Aposteln auf, zu heilen. So gingen sie zu den Menschen, um ihnen diese heilende Liebe Gottes vermitteln zu können. Sie salbten viele Kranke mit Öl und heilten sie. Die Menschen sollten sinnlich erfahren, dass ihnen durch die Hand der Apostel Gottes heilende Aufmerksamkeit und Trost geschenkt werden.

Das Öl war nicht nur in der Antike, sondern ist auch heute ein beliebtes Heil- und Stärkungsmittel. Es ist ein natürliches Zeichen für die Hilfe, die den Kranken durch Jesus Christus von Gott her zuteil werden soll.

Die Apostel handeln im Auftrag Jesu Christi. Deshalb kann der Apostel Jakobus in seinem Brief diesen Auftrag weitergeben mit den Worten:

„Ist einer von euch krank? Dann rufe er die Ältesten der Gemeinde zu sich; sie sollen Gebete über ihn sprechen und ihn im Namen des Herrn mit Öl salben. Das gläubige

Der Weg im Leben eines Menschen zeigt sich oft sehr schwierig, steil, uneben und kaum schaffbar. Wenn die Seele viele Schmerzen ertragen muss und manchmal keinen Ausweg mehr sieht, wird der Körper krank. Wie gut, wenn dann eine Stütze da ist, eine Hilfe von außen, um am schweren Weg nicht alleine sein zu müssen.

Gebet wird den Kranken retten, und der Herr wird ihn aufrichten; wenn er Sünden begangen hat, werden sie ihm vergeben. Darum bekennt einander eure Sünden und betet füreinander, damit ihr geheiligt werdet. Viel vermag das inständige Gebet eines Gerechten"
(Jak 5,14–16).

Der Auftrag, den der Apostel Jakobus weitergibt, stimmt also in Wort und Tat mit dem überein, was Jesus im Evangelium seinen zwölf Aposteln aufgetragen hat: die Menschen zur Umkehr einladen, von ihren Entfremdungen lösen und viele Kranke mit Öl zur Heilung salben. Und wiederum ist es wie bei allen anderen Sakramenten der Kirche das entsprechende und mit der Spendung des Sakramentes wesentlich verbundene besondere Gebet, das die Krankensalbung zu dem macht, was sie ist: die aufrichtende Zuwendung Gottes zur Heilung und Bekehrung.

Stärkung der Seele

Bei der Weihe der heiligen Öle, die einmal im Jahr im Dom vom Bischof der Diözese gefeiert wird, betet der Bischof, dass Gott, der der Vater allen Trostes ist, den Heiligen Geist auf das Salböl herabsende: „… Als Gabe deiner Schöpfung stärkt und belebt es den Leib. Durch deinen Segen werde das geweihte Öl für alle, die wir damit salben, ein heiliges Zeichen deines Erbarmens, das Krankheit, Schmerz und Bedrängnis vertreibt, heilsam für den Leib, für Seele und Geist." Damit ist deutlich hervorgehoben, dass das Salböl für die Kranken eine umfassende Stärkung ist, die in der Krankheit, aber auch in der Bedrängnis des Todes Trost, Hilfe und Heilung schenken soll.

Wenn der Priester zur Spendung des Sakramentes der Krankensalbung gebeten wird, dann begegnet er dem Kranken und seinen Angehörigen in einer Grenzsituation des menschlichen Lebens, vor der viele Menschen Angst haben. Heute haben sie Angst, über Krankheit und Tod zu sprechen, und sie versuchen deshalb, zu verdrängen oder möglichst mit allen Mitteln wegzuschieben, was unangenehm ist. Die Menschen spüren trotzdem die Wahrheit, dass Krankheit und „das sichere Los des Todes" unausweichlich sind.
In dieser Situation bedürfen die Menschen der liebenden Zuwendung, der heilsamen Stärkung und Hoffnung gebenden Begegnung an Leib, Seele und Geist.

Erinnerung an die Taufe

Die Spendung der Krankensalbung geschieht in der Regel durch die Salbung der Stirn und der Handflächen. Dadurch wird deutlich und erfahrbar, dass das, was durch die Taufe in jedem Christen grundgelegt ist, nun in der Krankheit, in einer lebensbedrohlichen Situation oder im Angesicht des Todes nochmals besiegelt wird. Es ist die Erinnerung an die Taufe, bei der das unauslöschliche Zeichen der Erlösung dem Menschen auf die Stirn geschrieben wurde. Damit wird der Mensch auch im Angesicht des Todes davor bewahrt, seine Hoffnung auf Erlösung und Heilsein aufzugeben oder hoffnungslos zu verzweifeln. Deshalb kann man die Krankensalbung auch als „Tauferneuerung angesichts des Todes, der Hinfälligkeit und Vergänglichkeit unseres irdischen Lebens" verstehen. Durch die Krankensalbung werden also diese schmerzlichen und bedrohlichen Erfahrungen nicht weggewischt oder beseitigt, sondern in all diesen Erfahrungen werden die Hoffnung und Heiligkeit erneuert, zu der wir als Christen berufen sind. An der Grenze des Lebens, in den verschiedenen Grenzerfahrungen im Angesicht des Todes, soll der Mensch erfahren, dass ihm Hoffnung zugesprochen wird. Er soll die Zuversicht gewinnen, dass er der Krise seiner Krankheit, der Erfahrung des „In-den-Tod-gehalten-Seins" „gewachsen" ist und sie im Glauben bestehen kann. In dieser Situation kann der Mensch gerade durch die Begegnung mit Gott in der Feier der Krankensalbung eine neue Ausrichtung und innere Stärkung erfahren. Der Priester spricht bei der Salbung auf die Stirn: „Durch diese heilige Salbung helfe dir der Herr in seinem reichen Erbarmen, er stehe dir bei mit der Kraft des Heiligen Geistes." Und bei der Salbung auf den Händen spricht er: „Der Herr, der dich von den Sünden befreit hat, rette dich; in seiner Gnade richte er dich auf." Beide Male antwortet der Empfänger dieses Sakramentes (oder die dabei Anwesenden) mit „Amen". Mit diesem „Amen" wird auch die Hoffnung, die im Sakrament zugesprochen und „gespendet" wird, angenommen.

Atmosphäre bei der Feier

Wenn die Krankensalbung zu Hause gefeiert wurde, in der Familie des Kranken, und nicht in einem Krankenhaus oder innerhalb einer besonderen liturgischen Feier der Krankensalbung innerhalb der Pfarre oder eines Krankenhauses, dann war immer wieder eine der wichtigsten Fragen der Angehörigen an mich als Seelsorger: „Was müssen wir vorbereiten? Wie müssen wir das Zimmer gestalten?" Dazu war und ist meine Antwort: Wenn sie ein schlichtes Kreuz haben oder eine Kerze, die sie zum Bett stellen können, dann sollen sie es herbringen. Ansonsten ist es gut, wenn sie es dem Kranken in seinem Zimmer möglichst angenehm machen. Es soll also eine positive und vertraute Atmosphäre geschaffen werden, so dass der Kranke den Besuch des Priesters, der ihm die Krankensalbung spendet, als befreiende Begegnung zur Stärkung und als Erfahrung des Wohlwollens Gottes und der Kirche erlebt. Grundsätzlich hat also bei schwerer Krankheit oder angesichts des Todes immer das Vorrang, was den Kranken so weit wie möglich an Leib, Seele und Geist aufrichtet und ihm darin die Liebe Gottes und der Menschen erweist.

Jeder Kranke und besonders jeder Sterbende braucht die Nähe von liebenden und umsichtig für ihn sorgenden Menschen. Ich weiß, dass es angesichts des Todes oft sehr viel Angst bei den Angehörigen gibt. Aus meiner Erfahrung kann ich sagen: Diese menschliche Zuwendung ist das Wichtigste. In dieser Zuwendung werden auch die Angst und Bedrängnis jedes Menschen in Krankheit und Sterben miteinander geteilt und ausgehalten. Der Kranke und Sterbende ist damit nicht allein gelassen.

Zu beachten ist auch, dass man in der Anwesenheit des Kranken oder Sterbenden jene Worte wählt, die der Sterbende, selbst wenn er nicht mehr sprechen kann, immer noch hören darf und hören sollte. Niemand weiß ja mit Sicherheit, ob und wann Bewusstlose, Schwerkranke oder Sterbende nicht mehr hören und wahrnehmen können. Deshalb muss sich die Sprache im Kranken- oder Sterbezimmer immer danach richten, was vom Sterbenden immer auch mitgehört werden darf. Es geht hier auch um den Respekt demjenigen gegenüber, der nicht mehr die Kraft hat, sich entsprechend zu äußern. Deshalb sollte es also im Zimmer des Kranken oder Sterbenden kein Geflüster oder irgendeine Geheimnistuerei geben, die etwas vor dem Kranken oder Sterbenden zu verbergen sucht.

Stattdessen braucht der Kranke aufmerksame und ihn in seiner Not begleitende Menschen, die sich ihm zuneigen und ihm ein passendes und aufrichtiges Wort des Dankes, der Liebe, der Zuversicht, der Hoffnung, des Trostes und der Teilnahme zusagen. Das macht für alle, die anwesend sind, den Krankenbesuch bei einem Schwerkranken und den Beistand in der Sterbestunde menschlich und tröstlich.

Gebete der Sterbenden

Bei einigen Feiern der Krankensalbung habe ich erfahren, dass die Angehörigen mir mitteilten, dass der Schwerkranke oder der Sterbende nicht mehr spricht oder auch in den letzten Tagen nicht mehr ansprechbar war. Immer wieder hatte ich dann doch erlebt, dass der Schwerkranke oder Sterbende sich plötzlich aufrichtete oder zumindest noch versuchte, ein Lebenszeichen zu geben, das Kreuzzeichen zu machen, die Hände zu falten und die Gebete mit seiner Stimme oder mit den Lippen mitzusprechen. Es waren für die Schwerkranken oder die Sterbenden vertraute Gebete, die sie als Kinder gelernt, ganz aufmerksam in sich aufgenommen und in Erinnerung behalten haben. In solchen Situationen hat es sich auch bewährt, auf jene Gebete zurückgreifen zu können, die der Schwerkranke vielleicht in seiner Kindheit gebetet hat. Es ist oft so, dass diese in der Kindheit gelernten Gebete noch ganz tief im Unterbewussten aufbewahrt sind und in schwerer Krankheit und im Angesicht des Todes wieder „zur Sprache kommen“, um als Brücken zu dienen vom Gottesglauben der Kindheit zur aktuellen Begegnung mit Gott in Krankheit, Alter, Sterben. Deshalb ist es wichtig, dass man immer wieder dieselben Gebete betet. Damit kann man sich einen inneren Schatz an religiösen Ausdrucksformen aneignen und bewahren, aus dem man in Zeiten der äußersten Bedrängnis und des Todes schöpfen kann. Was man an Gottesbeziehung und Glauben, an Gottvertrauen und Innigkeit in der Liebe zu Gott und den Menschen gelebt hat, kann auch in Zeiten der Krankheit durch die erlernten Gebete eine Ausdrucksform dieser Liebesbeziehung zu Gott sein.

Der Tod gibt dem Leben die Tiefe

Wir leben in einer „Spaß- und Hassgesellschaft" (Peter Weiser), die oft zwischen Spaß, Sensationen, kurzweiligen Events und Gewaltsamkeit, Terror und Angst vor tödlichen Anschlägen „schwebt". Der Mensch von heute liebt die Zerstreuung, das Abenteuer, das Risiko, die Gefahr. Obwohl er sich damit dauernd an der Grenze zwischen Leben und Tod bewegt, ist dennoch der Tod für ihn kein Thema. Auch noch so erschütternde, persönliche oder öffentliche Katastrophen sind bald medial „ausgereizt" und bringen nur oberflächliche Eindrücke in das gewöhnliche Lebensgefühl. Diese Verdrängung des Todes hat zur Folge, dass das Leben immer oberflächlicher wird, denn der Tod ist ja jenes Ereignis, das zeigt, dass das Leben nicht selbstverständlich, sondern eine Gabe und ein Geschenk ist. Gerade wer an das Sterben und an den Tod denkt, weiß, wie kostbar die Augenblicke sind und wie dicht das Leben werden kann, wenn es insgesamt als unwiederholbares Ereignis und als „wunderbares Abenteuer" gesehen wird. Wir wollen mit Menschen dieses oder jenes noch gerne erleben können, wir haben noch vieles, manchmal noch zu vieles vor. Wo jedoch diese Lebenssehnsucht und Lebenshoffnung mit dem bewussten Vorzeichen, dass es einmal zu Ende gehen wird, nicht zugelassen und gelebt wird, sondern wo man denkt und sich vormacht, dass der Tod ohnedies eine irreale Wirklichkeit ist, dort werden die Ereignisse des Lebens bald sehr flach und oberflächlich. Der Sinn für das Wunder des Lebens und seine unberechenbaren Überraschungen geht verloren. Der unausweichliche Tod gibt jedoch dem menschlichen Leben seinen Ernst und das Gespür für das Unaufschiebbare und das Endgültige. Man kann deshalb auch sagen: Der Tod gibt dem Leben die Tiefe.

Angst vor dem Sterben

Mit der Krankensalbung sind viele Ängste verbunden, und die Betroffenen selbst empfinden bei diesem Sakrament Angst vor einer schweren Krankheit und dem Sterben und sagen: „Es ist noch nicht so weit" und „Ich werde schon sagen, wann ich die Krankensalbung bekommen möchte." Früher hat man die Krankensalbung auch „Letzte Ölung" genannt und mit dieser Feier gewartet, bis die Schwerkranken oft selbst nicht mehr nach dem Sakrament fragen konnten. Heute mache ich die Erfahrung, dass die Angehörigen oft viel größere Angst vor der Feier dieses Sakramentes haben als die Kranken selbst.

Die Krankensalbung macht damit Ernst, dass das irdische Leben durch Vergänglichkeit und den Tod bedrängt wird. Die Angst vor dem Sterben ist heute deshalb auch sehr groß, weil das Sterben sich in sehr hohem Maß aus der Familie heraus in Kliniken, Senioren- und Pflegeheime verlagert hat. In solchen außerfamiliären Institutionen herrscht meistens eine anonyme Atmosphäre, für den Tod und die Toten gibt es dort selten Raum und Zeit. „Es" wird dort gestorben, eine Formel, die die zunehmende

Entpersönlichung des Sterbens und des Todes beschreibt. Früher war das anders. Da sind viele daheim gestorben in ihrer vertrauten Umgebung.

Krankheit zur Sprache bringen

Es ist festzustellen, dass es eine eigenartige Sprachlosigkeit in der Mitteilung des Krankheitszustandes und seiner Ernsthaftigkeit gibt. Immer wieder habe ich erfahren, dass Angehörige mir sagten, dass ein krankes Familienmitglied, das die Krankensalbung gespendet haben möchte, nicht um seine tödliche Krankheit weiß und dass er auch nicht darüber informiert ist, dass er Krebs hat oder dass er bald sterben muss. Andererseits habe ich in Gesprächen mit den Kranken gehört, dass sie mir im Vertrauen sagten: „Sagen Sie bitte meinen Angehörigen nicht, dass ich Krebs habe und bald sterben werde. Sie wissen das nicht. Sie haben keine Ahnung davon, wie ernst es um meine Lebenssituation steht. Ich möchte sie nicht beunruhigen." Dieses oft voreinander versteckte Wissen um den nahenden Tod eines Menschen führt zu einer Sprachlosigkeit, die auch sonst wichtige Lebensbeziehungen überschatten und lähmen kann. Man gerät so in die Gefahr, sich und den anderen ständig etwas vorzumachen. Der für einen schwer kranken und sterbenden Menschen so lebenswichtige, ehrliche und aufrichtige Kontakt und Umgang miteinander kann dadurch belastet werden und verloren gehen. In diesen Situationen kann die Krankensalbung eine behutsame und befreiende Konfrontation mit der Ernsthaftigkeit der Krankheit und dem bevorstehenden Tod sein. Sie kann aber auch eine Gelegenheit sein, in diesem Leben noch das eine oder andere in Ordnung zu bringen, was möglich ist.

Konfrontation mit der Wirklichkeit des Todes

Durch die Wahrnehmung der Grenze des Todes wird das Leben verdichtet. Es wird sehr ernst, und es erhalten die einzelnen Begegnungen eine kostbare und unaufschiebbare Einmaligkeit. Wenn es nämlich keinen Tod gäbe, dann wäre alles beliebig und wiederholbar. Es gäbe nicht das Gesetz der Einmaligkeit und es gäbe auch nicht eine absolute Verantwortlichkeit für die einzelnen Augenblicke und Phasen des eigenen Lebens. Das Leben wird, wo der Tod verdrängt wird, nicht erfüllter, sondern ärmer. Gerade die Feier der Krankensalbung konfrontiert die Kranken und ihre Angehörigen mit der Wirklichkeit des Todes und spricht gleichsam in diese Wirklichkeit hinein das Wort der Hoffnung und des Trostes. Oft sind es ja die älteren Menschen, die Kranken und Sterbenden selbst, die mit ihrer ausdrücklichen Bitte um das Sakrament der Krankensalbung ihren manchmal darüber bestürzten Angehörigen zu verstehen geben, dass sie auf die Lebensvollendung gefasst sind und sich darauf in Würde und mit Andacht vorbereiten möchten. Die Kirche wird auch in dieser Situation zum Anwalt, zum Beistand der Kranken und Sterbenden. Die Kirche verkündet in diese Situation hinein, dass Gottes Botschaft von Tod und Auferweckung Jesu Christi für alle Menschen die verlässliche Zusage des Lebens und der inneren Aufrichtung ist. Gerade in dieser bedrängten Situation kann und darf man mit der Feier der Krankensalbung die Hoffnung auf Überwindung von Tod und Vergänglichkeit zur Sprache bringen und so eine tröstliche Perspektive, eine neue Aussicht auf Leben in Fülle vermitteln.

Abschied vom irdischen Leben

Die Kirche ermöglicht mit der Krankensalbung dem Sterbenden, einen gelassenen Abschied von seinem irdischen Leben zu finden und im Glauben feierlich zu begehen. So wird die Krankensalbung auch zu einem Sakrament bewusster und gläubiger Lebensvollendung. Die Kirche steht den Sterbenden bei und verkündet ihnen zuversichtlich, dass Jesus Christus sein Versprechen halten wird, bei allen Menschen zu sein bis in den Tod, bis zur Vollendung ihres Lebens und bis zur Vollendung der Welt in Gott (Mt 28,20).

Die Feier der Krankensalbung, die im Kreis von Angehörigen gespendet werden kann, bezeugt durch die Anwesenheit der glaubenden Verwandten und Familienmitglieder, dass die Gemeinschaft der Kirche beim Sterben dabei ist und den Einzelnen gerade in dieser so schweren Situation nicht allein lässt. Der Empfänger der Krankensalbung muss deshalb nichts mehr „leisten", sondern er darf empfangen. Er kann in Freiheit und Bereitschaft geschehen und sich zusagen lassen. Trotz der Schwäche, die durch die Krankheit seinen Leib, seine Seele und auch seinen Geist bestimmt, ist er in der Feier der Krankensalbung doch aktiver Mittelpunkt für Gottes liebevolle Zuwendung und Tröstung, indem er Gottes Willen geschehen lässt. Er ist in diesem Augenblick der wichtigste Mensch. Die Kirche versammelt sich um den Schwerkranken und Sterbenden, um ihn im Gebet und der glaubenden Hoffnung zu stärken und ihn in Gottes Erbarmen und Frieden zu bergen.

Richtiger Zeitpunkt der Krankensalbung

Immer wieder wird gefragt, wann man die Krankensalbung empfangen soll. Soll man sie empfangen, wenn man schwer krank ist? Soll man sie empfangen, wenn man sich schon dem Tod nahe fühlt oder weiß? Soll man sie empfangen vor einer schweren Operation, wenn der Ausgang dieser Operation ungewiss ist? Die Kirche antwortet auf diese Fragen und sagt: Das Sakrament der Krankensalbung soll und kann man dann empfangen, wenn es sich um eine ernste Krankheit handelt, in der ein katholischer Christ von Gott Stärkung für die Heilung und um Segen für Leib, Seele und Geist erbittet. Die Hoffnung, die mit diesem Sakrament verbunden ist und die auch alle Gebete in der Krankensalbung verkünden, hat also eine zweifache Ausrichtung: einerseits auf das Bestehen der Lebensgefahr, verbunden mit neuer Kraft und Gesundung, um sich den bestehenden Lebensaufgaben wieder widmen zu können, andererseits auf das Sterben und den Tod, um hinausschauen zu können auf Gottes Zusage des ewigen Lebens.

Priester rechtzeitig verständigen

Für die Angehörigen ist es wichtig, rechtzeitig den Priester zum Schwerkranken kommen zu lassen. Oft passiert es sogar, dass sie den Priester erst anrufen, wenn der Patient schon verstorben ist, obwohl vorher schon länger bekannt war, dass der Verstorbene schwer krank war. Aber auch dann ist es wichtig, dass sich jeder Priester sofort auf den Weg macht und zum Verstorbenen und zu seinen Angehörigen geht. So ist auch Jesus auf seinen toten Freund Lazarus zugegangen, hat seine Schwestern getröstet und hat vor dem Grab des Lazarus gebetet (Joh 11,34–44).

Auch wenn der Priester dem schon Verstorbenen die Krankensalbung nicht mehr spenden kann, ist es wichtig, für ihn, mit den Angehörigen zu beten, dem Verstorbenen die Hände aufzulegen und ihn zu segnen mit geweihtem Wasser. Außerdem ist es wichtig, mit den Angehörigen beim Verstorbenen zu verweilen, um die Trauer um den Verstorbenen mit ihnen zu teilen und zu bestehen. Es ist wichtig und hilfreich, so den Angehörigen Zeit zu geben, um das für sie Schmerzliche und oft auch Unfassbare aussprechen und ausdrücken zu lassen. In solchen Situationen habe ich von mir aus nie mit meinen Worten „festgestellt", dass der Angehörige nun verstorben ist, sondern ich habe immer gewartet und Zeit gelassen, bis die Angehörigen mir das sagen konnten. Sie brauchen meistens Zeit, um wahrzunehmen und zuzulassen, dass jemand, der ihnen nahe steht und mit dem sie verbunden sind, gestorben ist. So wurde es auch möglich, mit ihnen über die nächsten Schritte zu sprechen, die sie nun für den Verstorbenen zu tun hätten, für eine würdige Verabschiedung (verbunden mit der altehrwürdigen Tradition des gemeinsamen Totengebetes) zu sorgen, das Begräbnis und die hl. Messe für den Verstorbenen vorzubereiten und die weiteren Stationen und die Begleitung auf dem Weg und in der Zeit der Trauer zu besprechen.

Hineinnehmen in die christliche Gemeinschaft

„Ist einer von euch krank? Dann rufe er die Ältesten der Gemeinde zu sich; sie sollen Gebete über ihn sprechen und ihn im Namen des Herrn mit Öl salben. Das gläubige Gebet wird den Kranken retten, und der Herr wird ihn aufrichten; wenn er Sünden begangen hat, werden sie ihm vergeben" (Jak 5,14–15).

Auf dem Weg des Sterbens in dieser Welt und dem ewigen Lebendigsein im Reich Gottes brauchen Menschen ein Ziel, das Halt gibt und Zuversicht schenkt. Am Ende des Lebensweges ein Licht sehen, Gottes Liebe erkennen, dankbar zurücklassen, was Gott ermöglicht hat, schafft Ruhe und Frieden.

Ich komme nochmals zurück auf diesen biblischen und kirchlichen Handlungsauftrag für die Kranken und Sterbenden. Diese im Jakobusbrief beschriebene Zeichenhandlung des Ältesten, des Vorstehers der Gemeinde, erhält eine solche Wichtigkeit und soll bekunden, dass Leiden und Krankheit in der Kirche von Anfang an ernst genommen und mit dem Lebensgeheimnis Gottes selbst in Jesus Christus verbunden wurden. Ein Kranker, der also durch seine Krankheit von der aktiven Teilnahme an der kirchlichen Gemeinschaft wie abgeschnitten ist, wird so durch den Besuch des Priesters, mit dem Jesus Christus selbst zu dem Kranken kommt, an die Verbindung zur kirchlichen Gemeinschaft erinnert. Diese hält ihn in seiner Krankheit, trägt ihn im Gebet und erbittet durch die Salbung für ihn Aufrichtung und die Vergebung von Schuld und Sünde.
Im gewöhnlichen menschlichen Leben werden Krankheit und Leiden als bedrohlich und zerstörend gesehen, und deshalb werden die Kranken oft gemieden. In der Gemeinschaft der Kirche ist ein kranker Mensch demgegenüber nicht isoliert, sondern ganz angenommen und erfährt durch das Gebet und die Salbung die Mitteilung der Gnade des Heils und der Gemeinschaft mit Jesus Christus. Jemanden die Krankensalbung zu spenden, heißt ja, zu ihm sagen, dass seine Krankheit ihn nicht von der Liebe Christi und der Kirche zu trennen vermag, sondern im Gegenteil, dass er durch das Gebet und die Salbung mit dem erlösenden Leiden Jesu Christi verbunden ist. Kann er die Solidarität Gottes mit ihm tiefer erfahren als in dieser Lebens- und Leidensgemeinschaft mit Jesus Christus? Durch das Leiden hat Christus die Menschen gerettet und ihnen so lebensvolle Gemeinschaft miteinander und mit

Gott, dem Vater, wiedergeschenkt. Die Krankensalbung macht deutlich, dass die Kranken in der Gemeinde immer einen „reservierten", einen bevorzugten Platz haben müssen. Die Krankensalbung hilft so den Kranken wie auch den Gesunden, den schmerzlichen Bruch zur gewohnten alltäglichen Welt der Familie oder der Gemeinde zu überbrücken.

Die Krankensalbung erweist sich so als elementar soziales und die Gemeinschaft verbindendes Sakrament. Denn die Infragestellung des Lebens durch Krankheit und Tod wird nicht resignierend hingenommen, sondern in heilsamen Handlungen (Segnung mit Weihwasser, Salbung mit Öl) und Gebeten angenommen und gewandelt. Die sakramentale Erfahrung, verbunden mit dem Zuspruch von Gott, will Kraft schenken, die Lebenskrise in Hoffnung zu bestehen und möglichst auch an ihr und über sie hinauszuwachsen.

Geheimnis des menschlichen Leidens feiern

Wenn der Mensch Leid oder Krankheit erfährt, so sind immer Körper, Seele und Geist als Ganzes betroffen. Man leidet immer mit Leib und Seele, und zwar so innerlich, dass man zum Beispiel, um einen Schmerz am Fuß zu äußern, spontan sagen kann: *„Ich* habe *Fußschmerzen"* statt: „Mein Fuß tut mir weh" oder gar: „Mein Fuß hat Schmerzen." Die Kirche hat und gibt also sehr viel Mut, wenn sie das Geheimnis des menschlichen Leidens sakramental feiert, das heißt: durch Jesus Christus mit Gottes Treue zu allen Geschöpfen bis ins Letzte, bis in Krankheit und Tod, verbindet. Es geht dabei keineswegs darum, eine schon von der antiken Medizin inspirierte Heilungstechnik religiös zu übernehmen und zu überhöhen. Man kann auch den Vollzug des Ritus der Krankensalbung nicht darauf zurückführen, dass man meint, Krankheit und Leiden seien eine Folge der Sünde, denn der Gegenstand des Salbungssakramentes sind die reale Krankheit und das reale Leiden, das in der Schöpfungsordnung Gottes auch von Gott angenommen ist und gewandelt werden soll in Heil und Frieden.

Wende im Heilungsprozess

Immer wieder durfte ich die Erfahrung machen, dass Menschen durch das Sakrament der Krankensalbung an Leib, Seele und Geist wieder aufgerichtet wurden, dass es nach der Krankensalbung eine Wende im Heilungsprozess gegeben hat und die Einzelnen sich durch diese Zusage des Sakramentes wieder gestärkt dem Leben zuwenden konnten, ja manche sogar so weit genesen waren, dass sie das Krankenhaus oder auch das Sterbebett wieder verlassen konnten. Ich bin also persönlich überzeugt davon, dass die Tauferneuerung angesichts des Todes, gleichsam in einer gefährlichen Krankheit oder in einem sehr hohen Alter, eine innere Stärkung des ganzen Menschen schenkt. Diese Stärkung kann auch den medizinisch behandelten Heilungsvorgang unterstützen und fördern.

Die Schenkenden sind die Kranken

Die Gesunden fühlen sich wegen ihrer Gesundheit oft als die Überlegenen. Dabei kann man jedoch bei der Krankensalbung erleben, dass die Schenkenden die Kranken selbst sind. Wenn wir einen kranken Menschen besuchen, begegnen wir im Antlitz des leidenden Menschen auch dem Antlitz des leidenden Jesus Christus. Durch diese

Begegnung erfahren auch wir als Besucher die Gnade, die uns Christus, dem Heiland, ähnlich macht.
In der frühen Christenheit wurde Jesus Christus auch angesehen und verehrt als Arzt. Vielleicht darf man von daher das mehrfach in den Evangelien überlieferte Wort: „Nicht die Gesunden brauchen den Arzt, sondern die Kranken" (vgl. Mk 2,17) verstehen.
Bei jedem Krankenbesuch ist man immer auch der Beschenkte, wenn man dem Kranken Christus nahe bringt. Man darf Christus auch im Kranken selbst erkennen und ihm begegnen. Er ist ganz bei ihm und mit ihm.

Österliche Dimension

In der Krankensalbung liegt auch eine radikale österliche Dimension, die die spezifisch priesterliche Dimension des Opfers Christi deutlich macht. Christus, der von sich aus das Leiden und den Tod auf sich genommen hat, heiligt auch das Leiden und den Tod eines Schwerkranken auf sakramentale Weise und verwandelt das Leiden und den Tod des Kranken in sein Leiden und seinen Tod. So wird durch die Krankensalbung der leidende Mensch zu einem sichtbaren Sakrament Jesu Christi am Kreuz. Tiefer und höher kann die lebendige Verbundenheit mit Jesus Christus nicht mehr gehen: mit Jesus Christus hinabzusteigen in das Reich der Krankheit und des Todes und mit ihm aufzustehen in wiederhergestellter Gesundheit oder zum ewigen Leben. In der Krankensalbung wird also das österliche Lebensgeheimnis Jesu Christi und der ganzen Kirche erfahren und offenbar.

Das Sakrament der Weihe

Am Tag darauf stand Johannes wieder dort, und zwei seiner Jünger standen bei ihm. Als Jesus vorüberging, richtete Johannes seinen Blick auf ihn und sagte: Seht, das Lamm Gottes! Die beiden Jünger hörten, was er sagte, und folgten Jesus. Jesus aber wandte sich um, und als er sah, dass sie ihm folgten, fragte er sie: Was wollt ihr? Sie sagten zu ihm: Rabbi – das heißt übersetzt: Meister –, wo wohnst du? Er antwortete: Kommt und seht! Da gingen sie mit und sahen, wo er wohnte, und blieben jenen Tag bei ihm; es war um die zehnte Stunde.
Andreas, der Bruder des Simon Petrus, war einer der beiden, die das Wort des Johannes gehört hatten und Jesus gefolgt waren. Dieser traf zuerst seinen Bruder Simon und sagte zu ihm: Wir haben den Messias gefunden. Messias heißt übersetzt: der Gesalbte (Christus). Er führte ihn zu Jesus. Jesus blickte ihn an und sagte: Du bist Simon, der Sohn des Johannes, du sollst Kephas heißen (Joh 1,35–42).

Kephas bedeutet: Fels (Petrus)

Es beginnt mit der interessierten Neugierde und den suchenden Fragen: „Wo wohnst du, Jesus von Nazareth? Wo wohnst du, Gott? Wo bist du, Heiliger Geist?“ Die Fischer, also Männer mit Beruf und Lebenserfahrung, hören: „Kommt und seht!“ Sie kommen mit, sie werden miteinander vertraut, es entsteht eine Freundschaft, die zur Berufung wird. Dann sagt Jesus: „Folgt mir nach!“ So weihte er sie gleichsam ein in seine Sendung und machte sie zu Schülern und Aposteln.

Berufung zum Leben

Das Sakrament der Weihe verdichtet, was im Beruf entfaltet und gelebt werden soll. Was ein Priester ist, versteht man am besten von dem her, was bei der Weihe gefeiert und in Zeichen ausgedrückt wird. Priester sind Menschen, die viel begriffen haben von Gott, dem „Freund des Lebens“ (Weish 11,26).

Deshalb werde ich hier am Beispiel der Priesterweihe vieles darlegen, was insgesamt die Weihe als Sakrament der Kirche bedeutet.

Die Priester sollen Hoffnungsträger und Segensbringer sein. „Leben in Fülle“ ist das Programm, das dem Priester zur Berufung wird. Er muss deshalb lernen, mit der Verheißung Gottes zu leben, die im Epheserbrief so formuliert wird: „Er möge euch aufgrund des Reichtums seiner Herrlichkeit schenken, dass ihr in eurem Innern durch seinen Geist an Kraft und Stärke zunehmt. Durch den Glauben wohne Christus in eurem Herzen. In der Liebe verwurzelt und auf sie gegründet, sollt ihr zusammen mit allen Heiligen dazu fähig sein, die Länge und Breite, die Höhe und Tiefe zu ermessen und die Liebe Christi zu verstehen, die alle Erkenntnis übersteigt. So werdet ihr mehr und mehr von der ganzen Fülle Gottes erfüllt“ (Eph 3,16–19).

Zur Reife und Erfüllung kommen

Der innere Mensch soll zur Reife und zur Erfüllung kommen. Jeder soll das innere Ausmaß seiner Lebensgeschichte entdecken in seinen besonderen Gaben und Grenzen. Viele versuchen heute, ihr inneres, geistliches Leben besser zu verstehen und Gott in sich zu entdecken. Gott will durch seinen Heiligen Geist in uns wohnen. Das zu erfahren und wahrzunehmen, ist jedoch ein lebenslanger Weg zu den eigenen Höhen und Tiefen und darin zu den Höhen und Tiefen Gottes (vgl. Eph 3,18). Wer so seinen eigenen Lebens- und Glaubensrhythmus entdeckt hat, wird frei und fähig, andere zu begleiten.

Als Männer müssen die Priester deshalb auch zu ihrer eigenen Geschlechtlichkeit ein erlöstes Verhältnis finden und leben. Manche Priester sind auf der Flucht vor sich selbst. Sie sind nicht recht bei sich zu Hause. Deshalb können sie auch noch nicht ein Empfangsraum sein für Gottes Gegenwart und Liebe in ihrem Herzen und ihrem Leben. Vieles ist in ihrem Leben noch zu eng und verstellt. Die Räume ihres Inneren sind noch mit allen möglichen Dingen voll gefüllt, sodass ihnen die Weite und die Geräumigkeit fehlen, aber auch das Zuhausesein bei sich selbst. Wer jedoch bei sich selbst „zu Hause“ ist, kann auch anderen ein Zuhause schenken und Geborgenheit vermitteln. Und mehr noch: Es kann Jesus, der Herr, bei ihm „ein und aus gehen“ (Apg 1,21).

Zuspruch der Liebe Gottes

Sakrament heißt, mir wird etwas wirksam zugesprochen, nämlich die Liebe Gottes. Gott vertraut sich mir darin an. Er spricht mich an und spricht mit mir. Sakrament ist Zeichen der bleibenden Liebe Gottes. Gott ergreift dabei die Initiative, kommt von sich her, das heißt von außen auf den Menschen zu und schenkt sich ihm. Es ist Aufgabe jedes Priesters, dieses von außen Kommende, dieses Entgegenkommende der Liebe Gottes den Menschen zu zeigen und ihnen vorzuleben. Der Priester soll durch seine persönliche Zuwendung zu den Menschen deutlich machen, dass Gott in seiner Liebenswürdigkeit als „Freund des Lebens" auf jeden Menschen zugeht. „Von außen kommen" bedeutet ja nicht, „äußerlich" oder oberflächlich sein. Es heißt vielmehr: den anderen voll anerkennen, ihn nicht vereinnahmen, ihn selbst zu sich kommen lassen. So begegnet uns Gott mit seiner Liebe.

„Eingeweiht"

Priester „weihen" und segnen sehr viel. Sie können dies tun, weil sie selbst in Christus Eingeweihte sind, eingefügt in das Geheimnis Gottes durch die sakramentale Feier, die Priesterweihe: „Stelle dein Leben unter das Geheimnis des Kreuzes", heißt es in der kirchlichen Weiheliturgie. Priester werden also nicht durch Beauftragung oder Sendung, auch nicht durch amtliche Dekrete für ihren Dienst bestellt, sondern durch die Priesterweihe. Das bedeutet für das persönliche Leben der Priester, dass sie ganz bei Christus sein und in ihm leben sollen. Vorbild und Maßstab priesterlichen Wirkens ist der Umgang Jesu Christi mit den Aposteln und der Auftrag an sie, zu den Menschen zu gehen und in seinem Namen bei den Menschen zu sein.

Beim Herrn sein – bei den Menschen sein – in der Welt sein

In den Evangelien ist auffallend, dass und wie Jesus Christus, der Herr, die zwölf Jünger zu sich rief und erwählte, damit sie bei ihm, wörtlich „mit ihm" seien. Dann heißt es: „… und sandte sie aus" (vgl. Mk 3,14 und Mk 6,7 ff.). Berufung zum Aposteldienst heißt, der Einladung folgen, bei Jesus Christus zu sein. Dieses „Bei-ihm-Sein" ist die erste und grundlegende Gegebenheit. Das darauf Folgende: „Und (er) sandte sie aus", ist nicht etwas, das von der ursprünglichen Berufung, beim Herrn zu sein, abgeleitet wird. Jesus ruft also keine Versammlung der Apostel ein, und dann erst wird beschlossen, die Apostel auszusenden, etwa in dem Sinn: „Jetzt treffen wir uns einmal, und dann wollen wir sehen, wie wir zu den Leuten gehen." Der zum Apostel Berufene ist deshalb immer beim Herrn. Indem Jesus Christus, der Herr, die Zwölf zu sich ruft, im Gebet mit seinem Vater vereint, und indem die Apostel „bei ihm" sind, beginnt die Kirche. In das Gespräch mit Gott, seinem Vater, in dieses Gebet Jesu hinein werden die Apostel aufgenommen und so in die Nachfolge Christi berufen. So entsteht und wächst Kirche. Dieses apostolische Leben mit Christus ist das Fundament (vgl. 1 Kor 3,11) für die apostolische Sendung zu den Menschen: „Bei ihm sein" und „bei den Menschen sein" gehören also „unvermischt und ungetrennt" zusammen, bilden eine Einheit und verwenden sich gegenseitig füreinander. So entsteht ein Raum, in dem die Kraft Gottes für die Menschen erfahrbar wird.

Durch diesen Dienst, das heißt durch die Innerlichkeit des „Bei-ihm-Seins", durch das Gespräch, die Meditation, die Stille, das Aushalten und aufmerksame Hören wächst in der Welt das Reich Gottes. Das tiefe Geheimnis von Geweihten ist die Verbundenheit mit Christus in der Hingabe des Lebens. In Selbstlosigkeit beim Herrn zu sein, ist eine Kraftquelle für den Dienst des Priesters in der Welt und für die Welt.

Ehelosigkeit als Lebensform

Immer wieder werde ich gefragt, warum es den Zölibat gibt. Meine Antwort ist dann, dass ich damit eine Lebensform gewählt habe, die herausfordert, die eine nicht alltägliche Besonderheit bleibt und für die es derzeit keinen öffentlichen Applaus gibt. Aber bei dieser Antwort, die mehr die Wirkung nach außen beschreibt, bleibe ich nicht stehen. Wer mich nach dem Warum, nach dem Grund für den Zölibat fragt, möchte etwas erfahren von der besonderen Kraft der Gottesbeziehung, *für* die ich diesen Weg der Ehelosigkeit gewählt habe. Ehelos „um des Himmelreiches willen" zu leben, heißt ja nicht, auf Liebe zu verzichten, sondern eine Liebe zu lernen, die zum Leben befreit und die davon überzeugt ist, dass Gott unendlich liebevoller und lebendiger ist als alle unsere sterbliche Liebe. So wie die Liebe zwischen Mann und Frau mehr ist als Sexualität, so ist auch die Liebe in der Ehelosigkeit ein Zeichen der Liebe Gottes zum Menschen, ja einer Verbindung über den Tod hinaus. Menschliche Liebe ist immer begrenzt und trägt dennoch in sich die Sehnsucht nach Erfüllung in Ewigkeit. Das zu bezeugen, verstehe ich als den Rat des Evangeliums, ehelos zu leben.

Wir kommen oft auch auf die Frage nach der Priesterweihe der Frau zu sprechen. Das bedarf dann längerer Ausführungen, um die Tradition der Kirche verstehen zu helfen. Ich spreche vom Mannsein und Frausein als den großen Prinzipien der Lebensenergie und ihren jeweiligen Besonderheiten. Ich spreche über die Würde und Unterscheidung der Geschlechter. Es geht beim Frausein und Mannsein nicht nur um den biologischen Unterschied, sondern um die vielfältigen Seinsprinzipien, die die Wirklichkeiten des Lebens bestimmen und ordnen. Es geht um je unterschiedlich akzentuierte Tiefenschichten des Menschseins. Es geht darin auch um den unverzichtbaren Reichtum, den Mann und Frau mit ihrer schöpferischen Wesensbestimmung der Kirche und der ganzen Welt bringen.
Ich erzähle deshalb auch von den Erfahrungen in der Geschichte und den Prägungen der Kulturen, von der Vielfältigkeit der Weltkirche auf den Kontinenten der Erde. Ich erkläre, warum es verständlich und angemessen ist, die Ehelosigkeit als Lebensform für die Priester in der katholischen Kirche vorzugeben. Ich verweise auf die Apostel und die zwölf Stämme Israels und spreche von der Erfahrung der Kirche und dem Lebenszeugnis großer heiliger Frauen und Männer, die als Ehelose ein geglücktes Leben führten. Und dann merke ich eigentlich wieder relativ rasch, dass die Fragenden nicht bloß eine sachlich richtige Antwort oder Erklärung hören wollen, sondern sie wollen von mir erfahren, warum ich so und nicht anders lebe. Die Fragenden verstehen dann auch, dass und warum die Kirche diese Form der Ehelosigkeit „um des Himmelreiches willen" für das Leben und Wirken der Priester gefunden hat. Sie verstehen die not-

wendige Herausforderung, die diese Lebensform für die Priester und die Welt bedeutet. Wenn ein Mensch diese bestimmte Lebensform für sich bewusst und in Freiheit gewählt hat in der Hoffnung und Zuversicht, dass nicht nur er diese Lebensform trägt, sondern dass auch sie ihn trägt und weiterführt, dann sollte er nicht nachträglich darüber jammern oder sich aufregen, dass diese Lebensform so und nicht anders ist.

Persönliche Lebensentscheidung

Ich habe Priester und Ordenschristen kennen gelernt und ihnen angesehen, dass sie in ihrer Lebensform der Ehelosigkeit ein geglücktes Leben führen konnten. So habe ich mir in der Zeit der Ausbildung und Vorbereitung auf das Priesteramt zur Vorgabe der Kirche, dass die Priester ehelos leben sollen, viele Gedanken gemacht und mich geprüft, ob ich mich so in die Liebe Jesu zu Gott hineingezogen fühle, dass ich in Gott gleichsam den Partner meines Lebens sehen kann. Als Jugendlicher habe ich in der katholischen Jugendgruppe auch die Freundschaft zu Mädchen erlebt und das Interesse aneinander und die gegenseitige Aufmerksamkeit als etwas Beglückendes erfahren. Meine spätere Entscheidung für die Lebensform des Zölibats ist für mich dann dadurch gewachsen und entstanden, dass ich mich von Jesus Christus persönlich tief angesprochen fühlte und mich mit ihm zum Dienst in der Kirche zur Verfügung stellen wollte. Meine Entscheidung ist entstanden aus der persönlichen Begegnung mit Jesus Christus. Deshalb hat sie mich auch innerlich und äußerlich aufgerichtet. Ich konnte und kann sie auch „nach außen“ vertreten und leben. Ich kann mich über das eheliche Glück anderer Menschen freuen und denke

Priester sein hat etwas mit Berührung zu tun. Diese Geste der Menschlichkeit ist Ausdruck der Liebe von Mensch zu Mensch und dadurch zu Gott. Priester sein bedeutet väterlich bei der Hand genommen die Liebe Gottes in den Menschen zu erkennen, sich berühren lassen von Freude und Zufriedenheit, aber auch von Sorgen und Nöten. Ein Priester erlebt die Geborgenheit in Gottes Händen.

manchmal auch daran, dass es schön sein könnte, Kinder und Enkelkinder zu haben. Dennoch weiß ich, dass der Weg meines Lebens durch die Entscheidung zur Ehelosigkeit in Treue passt, mit mir übereinstimmt und deshalb zu gehen ist. Das ist nicht immer einfach, aber ich spüre, dass dadurch mein Leben glückt. Ich kann darauf vertrauen: Gott wird seine Hand, die mich durch meine Lebensgeschichte führt, nie zurückziehen. Und ich lerne dabei von Gott selbst: Er ist unübertrefflich schöpferisch und erfinderisch, seine Liebe mir wie allen Menschen zu zeigen und zu schenken.

Hineingenommen in das Schicksal Jesu

Sich auf den Weg zum Priesterberuf zu machen, ist deshalb ein Hineingenommen-Werden in das Schicksal Jesu Christi. Wem das zuteil wird, der darf sich nicht entziehen oder zurückziehen. Er muss sich dem stellen. Es ist oft – wie beim Erzvater Jakob – Kampf und Ringen (Gen 32, 23–33), verbunden mit dem Wahrnehmen von innerer Unzulänglichkeit, aber genauso auch verbunden mit dem Erkennen und Anerkennen der Zumutungen Gottes, die er für den Einzelnen bereit hat. Es sind keine Zumutungen im gewöhnlichen Sinn des Wortes. Da heißt „Zumutung“ ja oft so viel wie Unverschämtheit, Anmaßung, Überforderung. Hier ist stattdessen im wortwörtlichen Sinn der Zuspruch von Mut, eine Zu-Mutung gemeint. Aber auch dann, wenn Christus einen Menschen in seine Nachfolge berufen und die Kirche ihn für den priesterlichen Dienst erwählt hat, ist und bleibt es ein Weg der liebenden Unterscheidung und des Wachsens in die Liebe Gottes hinein. Wer zum Priester geweiht wird, muss sich immer wieder als Mensch auch mit seinen zerbrechlichen und zerbrochenen Seiten zur Verwandlung, Heilung und Heiligung in die eucharistische Wandlung der heiligen Messe hineingeben. So ist auch das heilige Brot – Christus, der Herr selbst –, das er als Priester isst und den Menschen zur Speise gibt, gebrochenes Brot. Es ist hingegeben „für die vielen“, das heißt für die Unzählbaren, die danach hungern und dürsten.

Sich Gott überlassen

Man kann es einem Priester ansehen, ob er „in Jesus Christus“ lebt und betet. Mit diesem Beten meine ich das täglich neu eingeübte und nie abgeschlossene „Sich-in-Jesus-Christus-Gott-Überlassen“. Das ist manchmal mit einem Kämpfen gegen die Schwerkraft der Bequemlichkeit, gegen Feigheit und Resignation, gegen die Ansprüche und Durchsetzung seiner eigenen Ideen verbunden. In der Bibel lesen wir: „Während Mose vom Berg herunterstieg, wusste er nicht, dass die Haut seines Gesichtes Licht ausstrahlte, weil er mit dem Herrn geredet hatte“ (Ex 34,29). Gibt es bei unseren Geistlichen ein solches Leuchten nach den Gebetszeiten?

Empfangen, um geben zu können

Wir empfangen die Sakramente, um darin das Sakrament „Kirche“ sein zu können. Und das müsste besonders deutlich werden in der Feier der Eucharistie. Die sakramentale Feier des Todes und der Auferstehung Christi ist eine Sendung, eine Beauftragung, ein Empfangen um des Geben-Könnens willen, so wie es uns die Heilige Schrift erzählt: „Dann ordnete er an, die Leute sollten sich ins Gras setzen. Und er nahm die fünf Brote und die zwei Fische, blickte zum Himmel auf, sprach den Lobpreis, brach die Brote und gab sie den Jüngern; die Jünger aber gaben sie den Leuten" (Mt 14,19).

Dienst der Sakramentalität

Die Priesterweihe steht im Dienste der Sakramentalität der Kirche insgesamt und jedes Einzelnen in ihr. Indem ich einem Kind sage: „Ich taufe dich im Namen des Vaters und des Sohnes und des Heiligen Geistes", sage ich, dass dieses Kind mit Jesus Christus einen Auftrag hat in dieser Welt.

Jeder Priester erfährt in der Eucharistiefeier, wie wichtig es ist, das zu wissen: Ich könnte durch meine noch so große moralische Untadeligkeit, durch mein Wissen, durch meine Worte und meine Taten dennoch nicht einholen, nicht „aufwiegen", was ich am Altar Jesu Christi in der Kirche sage und vollziehe. Und dennoch: Ich darf meine armselige Gestalt und meine unzulänglichen Worte und Gesten zum Medium für die heilige Wandlung hergeben, für eine Wandlung, die ewiges Leben verheißt, schenkt und bringt. Und wenn ich dabei Jesus Christus, dem Wort des ewigen Lebens, nicht den Weg verstelle, dann darf ich hoffen, dass mein Dienst von ihm angenommen, von den Menschen verstanden und mit dem Herzen geglaubt wird.

Am Anfang der Geschichte des Heils sagt Gott ja schon zu Abraham: „Du wirst ein Segen sein!" und nicht nur das, sondern auch: „Sei gesegnet!" (Gen 12,2) Der Segen, den der Priester durch seinen Dienst am Altar empfängt und feiert, ist von Gott her untrennbar verbunden mit der Verheißung des Segens für alle Menschen.

Sakramentale Bestellung: Bischof – Priester – Diakon

Beim Sakrament der Weihe denken viele zunächst an die Priesterweihe. Das Sakrament umfasst aber auch die Bischofsweihe und die Weihe zum Diakon. Weihe ist mehr als bloß eine Wahl oder Einsetzung durch eine Gemeinschaft. Weihe ist eine sakramentale Einsetzung und Bestellung zum Dienst in der Kirche, zur Ehre Gottes und zum Heil der Welt. Durch die Handauflegung eines Bischofs und durch das von ihm gesprochene Weihegebet wird das Sakrament gespendet. Das gilt für die Bischofsweihe, die Priesterweihe und die sakramentale Bestellung der Diakone.

Der Geweihte hat durch sein Wirken allen Christen zu dienen und ihnen zu helfen, dass sie die Gnade der Taufe entfalten. Das „Amtspriestertum" ist deshalb eines der „Mittel, durch die Christus seine Kirche" aufbaut und leitet (Katechismus der katholischen Kirche 1547). Alle Getauften bilden das „gemeinsame Priestertum der Gläubigen", das sich durch ein Leben des Glaubens, der Hoffnung und der Liebe entfaltet und durch den Heiligen Geist gestärkt wird. Der Geweihte ist also von der Kirche durch die Weihe eingesetzt und gesandt, Gott und den Menschen zu dienen. Er wird nicht geweiht, damit er etwas Besseres ist als die anderen Christen, sondern um jedem Christen zu helfen, damit er entdeckt und erfährt, was sein Auftrag, seine Berufung in dieser Welt ist und wie er diese in der Nachfolge Jesu auch lebt und wahrnimmt.

Jeder *Bischof* erinnert an die väterliche Liebe Gottes und seine Barmherzigkeit. In der Güte des Vaters hat der Bischof sich des Gottesvolkes anzunehmen und es zusammen mit den Priestern, seinen Mitarbeitern, und mit den Diakonen auf dem Weg des Evangeliums zu führen und zu leiten. Der Bischof handelt in der Person Jesu Christi, des guten Hirten, Lehrers und Priesters der Kirche. Diesen Dienst wird er mit den charakteristischen Eigenschaften des guten Hirten ausüben. Er wird in Liebe und in behutsamer Sorge alle, auch die Verlorengegangenen, in barmherzigem Nachgehen suchen. Mit besonderer Achtsamkeit wird er den Armen, Fremden und Notleidenden helfen. Da der Bischof auch mit dem Heiligen Geist gesalbt wird, ist er Christus gleich gestaltet, um in seinem Leben das Wirken Jesu Christi für die Kirche gegenwärtig zu setzen und fortzuführen.

Priestersein ist so vielfältig wie auch das Bischofsein, sodass es mit dem Aufzählen vieler Aufgaben gar nicht umfassend genug beschrieben werden kann. Außerdem ist es eine besondere, von Jesus Christus ganz und gar bestimmte und erfüllte Art des Daseins bei den Menschen. Es hat sehr viel zu tun mit dem, was jeder vor der Weihe sagt, nämlich: „Hier bin ich." Das ist gleichsam ein Echo, eine Antwort auf den Gottesnamen, den Mose bei der Begegnung mit Gott am Dornbusch erfährt. Ja, es war eine lebendige Erfahrung, nicht bloß das Zur-Kenntnis-Nehmen einer Information. Gott antwortete damals: „Ich bin der ‚Ich werde da sein'", und er fuhr fort: „So sollst du zu den Israeliten sagen: Der ‚Ich-bin-da' hat mich zu euch gesandt" (Ex 3,14).

Was die sakramentale Bestellung der *Diakone* betrifft, spricht das Zweite Vatikanische Konzil von der „Handauflegung, … nicht zum Priestertum, sondern zur Dienstleistung", und fährt fort: „Nämlich mit sakramentaler Gnade gestärkt, dienen sie dem Volke Gottes in der Diakonie der Liturgie, des Wortes und der Liebestätigkeit in Gemeinschaft mit dem Bischof und seinem Presbyterium" (Kirchenkonstitution, Nr. 29).

Bischofsweihe

Viele begegnen bei Firmungen und festlichen Anlässen einem Bischof. Aus den Medien haben sie bestimmte Eindrücke und Vorstellungen, wie Bischöfe sprechen oder sich verhalten. Manche erleben eine Bischofsweihe mit und sind tief bewegt von der Symbolik, mit der in dieser Weihe die „Fülle des Weihesakramentes" übertragen wird. Bischöfe übernehmen die wesentlichen Aufgaben Christi: Sie sind bestellt, Lehrer, Hirten und Priester für das ihnen anvertraute Volk Gottes zu sein. Sie sind keine Einzelkämpfer. Ihr Dienst ist eingegliedert in das gesamtkirchliche Kollegium der Bischöfe. Das zeigt sich auch darin, dass bei der Weihe eines neuen Bischofs mehrere Bischöfe mitwirken. Zur rechtmäßigen Weihe eines Bischofs ist die Ernennung durch den Papst, den Bischof von Rom, den Heiligen Vater, notwendig. Er ist das „höchste sichtbare Band der Gemeinschaft der Teilkirchen in der einen Kirche und Bürge ihrer Freiheit" (Katechismus der katholischen Kirche 1559). Innerhalb der Eröffnung der Weiheliturgie wird deshalb vor dem Wortgottesdienst der heiligen Messe das apostolische Ernennungsschreiben des Papstes vorgelesen.
Zur Handauflegung kommen alle mitfeiernden Bischöfe und machen damit deutlich, dass der neue Bischof in das Kollegium der Bischöfe eintritt.

Ganz unter dem Wort Gottes

Ein sehr bewegender Ausdruck ist die Weihe selbst. Sie umfasst drei miteinander verbundene Handlungen:
Die Handauflegung unter „heiliger Stille“ durch den Hauptzelebranten und anschließend durch die anderen anwesenden Bischöfe.
Das Evangelienbuch, das geöffnet und auf das Haupt des zum Bischof Erwählten gelegt wird; danach halten Diakone das Evangelienbuch bis zum Ende des Weihegebetes über dem Kopf des zum Bischof Erwählten. So wird deutlich, dass sein Leben ganz unter dem Wort Gottes steht.
Das Weihegebet.
Dann wird sein Haupt gesalbt, um deutlich zu machen, dass er gesalbt ist auf Christus, den Gesalbten Gottes, der das Haupt der Kirche ist. Das Evangelium wird ihm übergeben mit dem Auftrag, das Wort Gottes in Geduld und Weisheit zu verkünden.
Schließlich wird ihm der Ring überreicht als Zeichen der Treue, die Mitra als Zeichen des Amtes und der Stab als Zeichen des Hirtendienstes. Dabei wird dem neuen Bischof gesagt: „Trag Sorge für die ganze Herde Christi, denn der Heilige Geist hat dich zum Bischof bestellt, die Kirche Gottes zu leiten.“ Danach folgt die liturgische Umarmung des neu geweihten Bischofs durch die anwesenden Bischöfe. Sie ist das lebendige Zeichen der Gemeinschaft und brüderlichen Verbundenheit.
Der Stab erinnert mich an das Psalmwort: „Dein Stock und dein Stab geben mir Zuversicht“ (Ps 23). Mit dem Stab des göttlichen Hirten verstehe ich mich auch als geistlichen „Rutengänger“ auf der Suche nach den sprudelnden Quellen des göttlichen Lebens. In den Pfarrgemeinden und Gemeinschaften, in den Klöstern und Orden, auf

den Stationen der Krankenhäuser und Altenheime, in den Klassenzimmern unserer Schulen, überall dort, wo aus christlicher Verantwortung und durchdrungen von der katholischen Soziallehre das Evangelium schon gelebt wird, gibt es das lebendige Wasser Gottes. Die vielen suchenden und fragenden Menschen unserer Zeit können es dort schöpfen und trinken. Es bietet ihnen Erfrischung an und schenkt Lebenskraft gegen die seelische Austrocknung und geistige Verödung.

Priesterweihe

Die Priester üben ihren wichtigsten Dienst in der Feier der heiligen Eucharistie aus. So wird die heilige Weihe der Priester wie die der Bischöfe immer auch innerhalb einer heiligen Messe gefeiert. Sie beginnt mit der Vorstellung der Kandidaten.
Einer der anwesenden Priester stellt dem Bischof und den mit ihm versammelten Priestern (Presbyterium) und dem ganzen Volk Gottes die Weihekandidaten vor. Meist ist es der Leiter des Priesterseminars, der Regens genannt wird, oder der Obere einer Ordensgemeinschaft, wenn ein Ordensmann zum Priester geweiht wird. Auf die Frage des Bischofs, ob die Kandidaten würdig sind, wird der sich vorstellende Priester antworten, dass das Volk und die Verantwortlichen befragt wurden und diese die Kandidaten für würdig halten. Das setzt voraus, dass vorher eine sorgfältige und den Vorschriften der Kirche entsprechende Prüfung und Begutachtung der Kandidaten erfolgt ist. Das heißt aber auch, dass die Erwählung der Kandidaten, die „mit dem Beistand des Heiligen Geistes" vom Bischof ausgesprochen wird, aufgrund der Zustimmung des Volkes Gottes geschieht und zu geschehen hat. Jeder, der geweiht

wird, kann also gewiss sein, dass seine Heimatpfarre und die für die Priesterausbildung Verantwortlichen zu ihm stehen.

Bereitschaft erklären

Bevor jemand zum Priester geweiht wird, erklärt er seine Bereitschaft, als „zuverlässiger Mitarbeiter des Bischofs" das Priesteramt auszuüben und so „unter der Führung des Heiligen Geistes die Gemeinde des Herrn umsichtig zu leiten". Also nicht die eigenen Ideen und die menschlichen Vorstellungen oder persönlichen Eigenarten sind für den Priester das Maß seines Handelns, sondern das Fragen nach dem, was der Heilige Geist als Programm der Kirche zugesagt hat und zusagen möchte. Priester sind Männer des Heiligen Geistes, die dem Wort Gottes treu zu dienen haben. Sie erklären sich auch bereit, die ihnen zur Spendung anvertrauten Sakramente der Kirche zu feiern und zusammen mit dem Bischof im Gebet Gottes Erbarmen für die von ihnen im Auftrag des Bischofs zu leitende Gemeinde zu erbitten. Wie der Bischof, so sollen auch die Priester ihren Dienst in der Kirche nicht nur auf die Feier der heiligen Messe beschränken, sondern sich durch die Feier der heiligen Eucharistie immer wieder „in die Welt" senden lassen, um auch den Armen und Kranken beizustehen und sie im Glauben aufzurichten. In gleicher Weise sollen sie Heimatlosen und Notleidenden helfen. Auch das versprechen sie ja bei der Weihe. So ist jeder Priester herausgefordert, sehr aufmerksam zu sein, wenn Menschen in Bedrängnis zu ihm kommen. Er wird sich für sie einsetzen, wenn es Benachteiligung und Ausgrenzung gibt. Er wird jedoch auch darauf zu achten haben, dass er dabei als Gesandter Jesu Christi, nicht als

Eigenunternehmer oder wie ein weltlicher Interessenvertreter handelt.

Innovation für Glaube und Evangelium

Ich sehe, dass viele Menschen heute unter einem starken Druck von Leistung und Gewinnstreben stehen. Viele müssen auch in einer von außen her bedrängten Arbeitssituation oft in inhumanen und entwürdigenden Verhältnissen leben und arbeiten. Sie werden unterdrückt von den Auswirkungen einer globalisierenden Ökonomie und haben oft keine Zeit, keine Kraft und keinen Atem mehr für ihr religiöses Leben. Sie suchen zwar nach ihren religiösen Wurzeln und Erfahrungen, aber es ist so vieles überlagert oder zugeschüttet. Menschen sind in unserer heutigen Welt oft überfordert oder ganz allein und auf sich selbst zurückgeworfen. Sie müssen „unabgefedert", das heißt ungesichert das ganze Risiko der eigenen Existenz übernehmen und kommen sich dann überflüssig und im Stich gelassen vor.
In diese Welt, die vom Erlebnis zunehmender Kälte und Erbarmungslosigkeit bestimmt und geprägt ist, werden die Priester hineingesendet. Sie sollen als rettende und erlösende Alternative zum „Getriebe der Welt" (G. Eich) gemeinsam mit den Gläubigen eine Innovation durch Glauben und Verkündigung des Evangeliums auslösen.
Dabei ist es gut, sich an die Geschichte des Volkes Gottes und der Kirche zu erinnern, an das Auf und Ab, an Zeiten der Erschöpfung und Zeiten unbeschwerteren Daseins. Oft haben religiöse und geistliche Neuaufbrüche ihren Ursprung an den Bruchstellen oder Tiefpunkten der Geschichte. Wir stehen an einer solchen Schwelle der Geschichte, viele Menschen leiden daran. Die Kirche will

sie damit nicht allein lassen und ihnen helfen, in dieser, auch mit Schmerzen verbundenen Krise die Chance zu erkennen, Verkrustungen und Festgefahrenes aufzugeben. Die Kirche will so helfen, die bestehenden Verhältnisse nicht nur hinzunehmen, sondern so zu ändern, dass die Menschen wieder „aufleben“ und „aufatmen“ können. Sie sollen nicht mehr nur aufs Überleben bedacht sein müssen, sondern das Leben in Fülle und aus der Fülle Gottes erfahren.
Wenn das Christentum zukunftsfähig sein und bleiben will, dann muss auch die Verkündigung des Evangeliums zu einer neuen Übergabe (das ist ja die Übersetzung von „Tradition“) bereit sein. Die ganze Kirche muss sich hineinwagen in die Welt, wie sie ist, in neue Lebensverhältnisse, sich hineinwagen in noch unbekannte Welten und Erfahrungsräume, um diese mit der Frohen Botschaft Gottes zu erreichen und zu verwandeln.

Wege der Verkündigung auf der Ebene der Freiheit

Eine Neuformierung des Christlichen in unserer Gesellschaft steht deshalb an. Dazu ist zunächst vertrauensbildender Verzicht auf Bevormundung notwendig. Wir können heute die Wege der Verkündigung zu den Menschen nur auf der Ebene der Freiheit bereiten und bahnen und nicht mit Macht: Wir haben das Evangelium auch den Menschen zu verkünden, die Christsein oft nur so im Vorübergehen ausprobieren wollen, die zu den „religiösen Vagabunden“ gehören, die zu den „Hin-und-wieder-Christen“ zählen. Es geht darum, diese Menschen zu erreichen, sie zu uns „vorbeikommen“ zu lassen – oder zu ihnen vorbeizukommen, das aber nicht im Sinne des oberflächlichen Vorbeigehens, sondern im Sinne des Verweilens bei den Menschen, bei all ihren individuellen Vorlieben und Ängsten, die sie haben, in ihren Vorstellungen vom Christsein und auch, um das Unerhörte ihres Lebens zu erhören. Mag das religiöse Interesse dieser Menschen auch noch so vage oder unverbindlich sein, wir haben dieses Interesse ernst zu nehmen, es zu erhören, sie einzuladen und darauf zu antworten mit: „Kommt und seht!" (Joh 1,39)

Geistliche Autorität

Die Menschen in ihrer Not wahrzunehmen, ist priesterlicher Auftrag. Was heute wieder gefragt ist, sind geistliche Autoritäten. Autoritäten sind nicht unbedingt autoritär (das heißt: unbedingten Gehorsam fordernd, diktatorisch). Autoritäten müssen nicht dauernd fordern. Aber sie verstehen es, die Menschen ohne Zwang zu fördern. Die Menschen brauchen Priester, die mit Erfahrungskompetenz christlichen Glauben nicht autoritär vermitteln, sondern die Lebenssituationen der Menschen ernst nehmen, mit ihnen suchen und entdecken, wo der Glaube wie eine Saat aufgehen kann, wo sie neu oder wieder im Glauben anfangen können. Es ist also für das Heil der Menschen notwendig, dass die Priester das Risiko wagen, hineinzugehen in die Freiheits- und Unfreiheitsgeschichten der Menschen. Dort müssen sie es auch wagen, klare Orientierungen des christlichen Glaubens anzubieten und den Menschen Raum und Zeit zu geben und zu lassen, sich persönlich damit auseinander zu setzen und das Angebot des Glaubens, das „Programm Gottes", in Freiheit anzunehmen und aufzunehmen in ihr Leben.

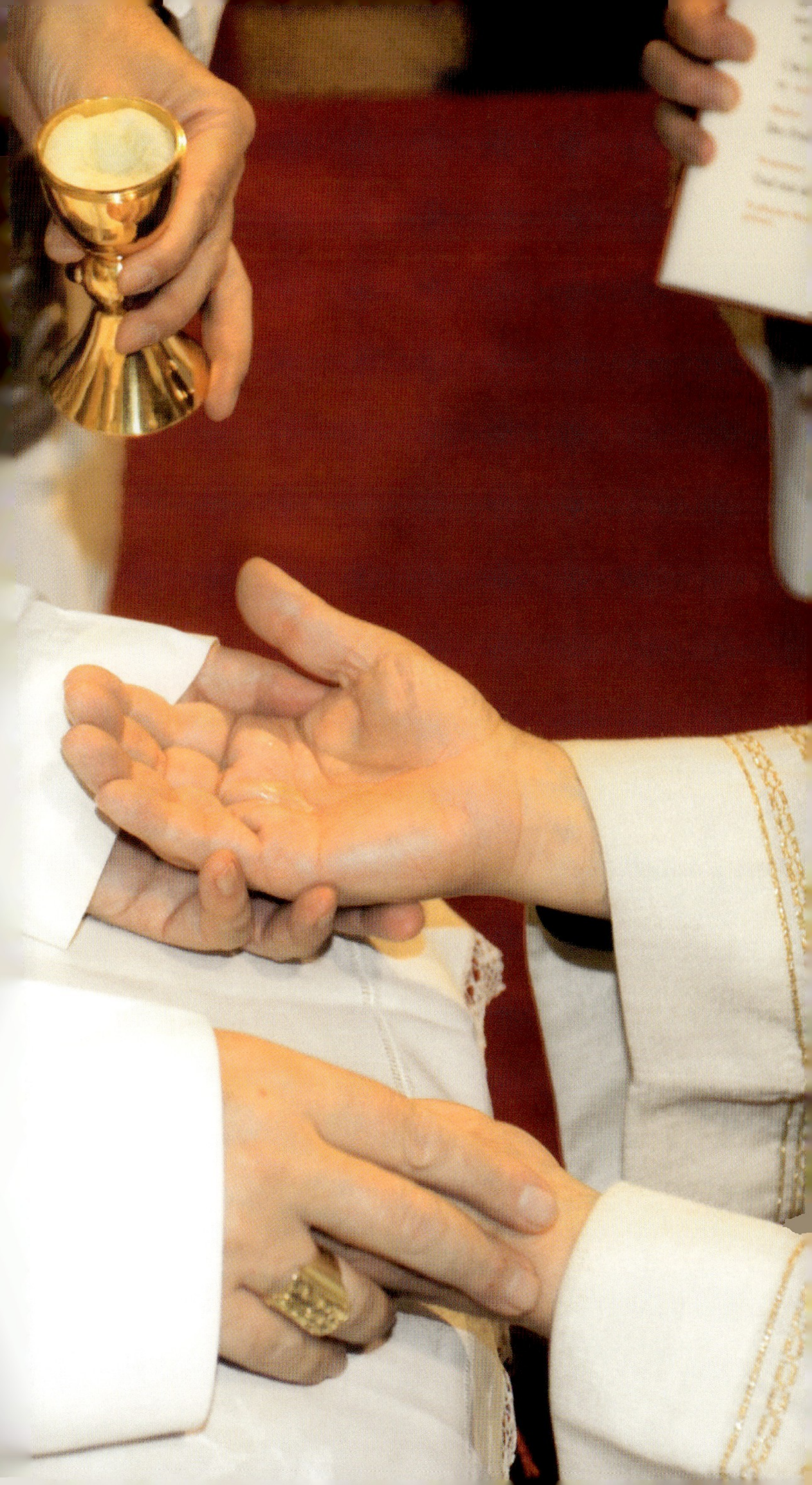

Priester sein als Hingabe an die Menschen verstehen, das zeigt sich in den geöffneten Handflächen, die mit Chrisamöl gesalbt werden. Von den geweihten Händen des Priesters wird Segen ausgehen.
Er wird den Menschen dienen mit leeren Händen, aber mit der Salbung durch den Heiligen Geist. Der Priester lässt sich von Gottes Liebe berühren, um diese Liebe weiterverschenken zu können.

Gefahr des „spirituellen Blumenpflückens"

Manche Menschen hätten es heute aber gerne unverbindlicher und beliebiger. Sie hören sich gerne an, was die Kirche und der Priester ihnen zu sagen haben, jedoch mit dem Vorbehalt, selbst zu schauen, ob sie sich daran halten und orientieren wollen oder nicht. Aber sie wollen es wenigstens wissen, was die Kirche ihnen (noch) zu sagen oder zu geben hat. Auch diese Menschen brauchen die besondere Aufmerksamkeit und Aufrichtigkeit des Priesters, um sie einzuladen und zu gewinnen, damit sie sich auf den Weg des Evangeliums begeben können und ihn auch gehen. Mit diesem geistlichen Zeugnis der Hingabe des eigenen Lebens und des persönlichen Einsatzes kann man als Priester auch den „Distanzierten", den „ferner Stehenden", das Evangelium verkünden. Man muss jedoch auch darauf achten, dass die Menschen von heute sich nicht nur die ihnen gefallenden Blumen pflücken von der geistlichen oder sozialen Wiese der Kirche. Manche sind nämlich zu „spirituellen Blumenpflückern", zu so genannten „Auswahlchristen" geworden.

Gerade diesen Menschen muss man als Priester vorbildlich zeigen und sagen: Christliche Spiritualität hat mit Unterscheidung und Widerstand zu tun gegenüber leichtfertigen Formen religiöser Beliebigkeit, gegenüber esoterischen Heilsversprechungen oder anderen ideologischen Verlockungen. Christliche Spiritualität ist aktiv gelebter Glaube mit Tiefgang. Christlicher Glaube treibt nicht dahin in seichten religiösen Gewässern und Verwässerungen. Zum christlichen Glauben gehört, mit der Kirche Jesus Christus nachzufolgen in Treue und Verbindlichkeit, also auch mit Leiden und Kreuz und in der Auferstehungshoffnung. Christliche Spiritualität ist Verkündigung des

Evangeliums Jesu Christi. Er ist als Wort Gottes Fleisch (Mensch) geworden, damit wir Menschen wieder ganz und heil werden und zu Gott gehören. Deshalb sind christliches Leben und Hoffen bis ins Letzte, bis in den Tod die Lebens- und Schicksalsgemeinschaft mit Jesus Christus, geprägt von Leidensgeschichten, von aufrichtiger Hingabe, von Loslassen, von Verbindlichkeit und Treue, von Barmherzigkeit und Gerechtigkeit, selbst wenn man – wie der Herr Jesus Christus – „festgenagelt“ wird, also sich mit seinem ganzen Leben einsetzen muss in der Seelsorge und der aufrichtigen Zuwendung zu den Menschen. So können Priester den Menschen glaubwürdig zeigen und sagen: Christliche Spiritualität ist heute nicht in Leichtform zu genießen oder als Kostprobe zum „Schnuppern“ zu bekommen, sondern christlicher Glaube gibt und verlangt Verbindlichkeit.
Priester müssen, wenn sie auf die Menschen zugehen, deshalb damit rechnen, dass manche Angst davor haben, das Evangelium könnte ihnen nicht nur „gut tun“, sondern ihr ganzes Leben ändern und verändern zum Guten, zu Gott hin. Und deshalb ziehen sie sich zurück. Verkündigung des Evangeliums ist immer eine umsichtige und behutsame Zumutung. Sie bringt die Menschen dazu, in Freiheit Stellung zu nehmen zu sich, zu den anderen, zur Welt und in allem zu Gott.

Worte der Bibel ins Leben übersetzen

Was uns oft herausfordert als Priester und auch mich als Bischof, ist die Tatsache, dass wir nicht nur schon etwas vom Evangelium begriffen haben, sondern dass wir ganz vom Evangelium ergriffen worden sind und werden. Der heilige Paulus hat diese Erfahrung ausgesprochen mit dem Wort:

„Nicht, dass ich es schon erreicht hätte oder dass ich schon vollendet wäre. Aber ich strebe danach, es zu ergreifen, weil auch ich von Christus Jesus ergriffen worden bin" (Phil 3,12).

Jedes Wort, jeder Satz, jede Geschichte der Bibel fordern mich heraus. Einige Worte und Sätze machen mir manchmal Schwierigkeiten, weil ich sie noch nicht verstehe. Das ist auch so bei den Menschen. Wir müssen ihnen helfen, die Worte, Sätze und Geschichten zu leben, die sie verstehen. Diese Worte können sie dann in ihrem Leben wie Saatkörner aufgehen und Frucht bringen lassen; in Dankbarkeit, mit Hingabe und in Liebenswürdigkeit Gott gegenüber.

Deshalb müssen Priester ein Gespür, eine besondere Sensibilität entwickeln für die Not der Menschen. Sie wollen sich heranwagen bis zu den Schatten in der Seele der Menschen. Sie werden auch zu den dunklen Seiten der Menschen stehen, damit sie Licht finden und gewandelt werden können. Das verlangt sehr viel Behutsamkeit, Geduld und Rücksichtnahme. Das erfordert auch ein hohes ethisches Niveau im Umgang mit Menschen, weil es dabei um das Innerste geht, nämlich um ihr Dasein vor Gott. Priester sollen Seelenführer sein. Sie dürfen die helfende Beziehung, die sie mit Jesus Christus im Namen Gottes den Menschen anbieten und gewähren, nicht ausnützen oder missbrauchen. Die Menschen brauchen aufrichtige Zuwendung und Annahme und darin ein ermutigendes Wort, das sie wieder zu sich selbst und zu Gott finden lässt. Dazu werden die Priester mit der Gnade des Sakramentes der Weihe beschenkt, damit sie es „mit Gottes Hilfe" wagen, auf die Menschen zuzugehen. Sie sollen so mit ihnen das Leben im Innersten wie im Äußersten tei-

len und ihnen helfen, nicht in den Verwundungen ihres Herzens, nicht in den Verletzungen ihrer Seele stecken zu bleiben. So können sie den Menschen beistehen, damit sie nicht an sich selbst verzweifeln und wertvolle Lebensenergien vergeuden. Die Menschen werden durch diese Seelsorge des Priesters ermutigt und fähig, die Schatten ihres Lebens anzunehmen, sie auch als Herausforderung Gottes anzunehmen. Sie werden durch den Beistand und die Ermutigung des priesterlichen Seelsorgers aus diesen Schwierigkeiten herauswachsen und vielleicht gezeichnet sein vom Leben, aber innerlich gestärkt und aufgerichtet werden.
Um den Menschen so aufrichtig und helfend beistehen zu können, ist es deshalb auch notwendig, dass der Priester selbst in enger Verbindung mit Jesus Christus lebt und handelt. „Mit Gottes Hilfe" erklärt sich der Weihekandidat bereit, sich mit Christus, dem Herrn, „von Tag zu Tag enger zu verbinden und so zum Heil der Menschen für Gott zu leben". „Mit Gottes Hilfe" bedeutet für ihn, je tiefer er in den priesterlichen Dienst hineinwachsen wird, keine fromme Floskel, sondern ein Hoffnungswort, das die Erfahrung prägt.

Ehrfurcht und Gehorsam

Die Weihekandidaten versprechen dem Bischof und seinen Nachfolgern Ehrfurcht und Gehorsam. Sie legen dabei ihre gefalteten Hände in die Hände des Bischofs. Dieses Zeichen gehört in der Weiheliturgie zu den vorbereitenden Riten und ist nicht Ausdruck bedingungsloser Ergebenheit. Der Bischof darf nicht eigenmächtig mit den Geweihten tun und machen, was er will. Vielmehr steht diese Zeichenhandlung für die aufrichtige Ehrfurcht,

Treue und Loyalität, die ja nie einseitig, sondern immer beiderseitig füreinander verpflichtend sind. Der Bischof und der künftige Priester verpflichten sich füreinander. Der Bischof verpflichtet sich, die Hände des Priesters zu behüten, mit ihnen behutsam umzugehen. Der Bischof achtet darauf, verantwortlich wahrzunehmen, wo er den Priester väterlich an der Hand zu nehmen hat, um ihn bei Schwierigkeiten aufzurichten, zu ermutigen und ihm Halt zu geben. Er prüft und entscheidet umsichtig, welche Aufgabe er ihm übertragen kann (etwa die Leitung einer oder mehrerer neuer Pfarren). Bei solchen Veränderungen stellen die Gläubigen oft viele Fragen, darunter auch die Frage, warum ein Priester, der in seiner bisherigen Pfarre sehr beliebt ist und dort als Pfarrer segensreich wirkt, eine andere Aufgabe in der Diözese übernehmen soll. Der Bischof muss – um der größeren Einheit einer Diözese willen – dem Priester manchmal einen Wechsel in eine andere Aufgabe und ein damit verbundenes Ändern seiner bisherigen Lebensbeziehungen in der Pfarre zumuten. Dazu ist es wichtig, dass alle Betroffenen und Beteiligten sich an den Ritus der Weihe und das beiderseitige Halten der Hände erinnern. Ein anderer Anlass zu Fragen und oft auch Aufregungen in der Pfarre ist dann gegeben, wenn ein Priester wegen seines fortgeschrittenen und hohen Alters zu seiner persönlichen Entlastung und zur Erhaltung seiner priesterlichen Lebensqualität die Verantwortung für die pastorale Leitung einer Pfarre wieder in die Hände des Bischofs zurücklegen soll und darf. Da wird der Bischof rechtzeitig das brüderliche Gespräch mit dem Pfarrer und den zuständigen Pfarrgremien suchen und dem Priester und der Pfarre zur Hand gehen in großer Dankbarkeit für den priesterlichen Einsatz. Ein Priester hört ja nicht auf,

Priester zu sein, wenn er eine ihm übertragene Aufgabe ändern muss. Er bleibt weiterhin der, wozu er geweiht wurde. Die konkrete Form seines priesterlichen Wirkens kann sich mit der Zeit und im Laufe seines Lebens ändern, die Ehrfurcht, Treue und Loyalität zwischen Priester und Bischof bleiben bestehen.

Am Boden im Netz der Heiligen

Die Weihekandidaten legen sich dann auf den Boden, das Gesicht nach unten. Dieses uralte Ritual deutet darauf hin, dass der Priester sich ganz Gott ausliefert. Es ist das Zeichen der eigenen Ohnmacht und zerbrechlichen Menschlichkeit. Es ist der Hinweis, dass priesterliches Leben ganz unten anfängt, am Erdboden und auch diesen „Bodenkontakt" nie aufgeben oder verlieren soll. In der eigenen Schwachheit beginnt die Kraft Gottes zu wachsen und das Getragensein im Gebet (vgl. Röm 8,26; 2 Kor 12,9; Hebr 5,2). Denn während der Weihekandidat am Boden liegt, singt die ganze mitfeiernde kirchliche Gemeinde die Allerheiligenlitanei. Die Gemeinschaft der Kirche des Himmels wird als helfendes Netz von Fürsprechern angerufen. Diese Verbundenheit mit vielen Betern wird von jedem Priester als sehr tragend und als ein bergendes Aufgehobensein erfahren.

Priestersein fängt unten an

Wenn ich nach Wien komme, gehe ich deshalb gerne in den Stephansdom und bete an dem Ort, an dem ich bei der Priesterweihe und bei der Bischofsweihe am Boden gelegen bin. Dabei denke ich mir: Hier hat es angefangen. Hier habe ich den Gesang der Allerheiligenlitanei gehört. Vor dem Altar mit dem Gesicht am Boden liegend, bekleidet mit dem weißen Kleid, der Alba bei der Priesterweihe, bei der Bischofsweihe mit dem Messgewand. Daran erinnere ich mich immer wieder. Gott fängt mit den Priestern unten an. Wir sind und werden aufgehoben und getragen vom Gebet. Wir sind – wie alle Menschen – zerbrechlich und doch mit Kraft erfüllt, die von Gott kommt. Deshalb kann ein Bischof und jeder Priester immer auch bei denen sein, die „unten" sind, am Boden – oft nicht freiwillig, sondern niedergeschlagen, erniedrigt und bedrückt. Da ist die Arbeit des Bischofs und da ist auch die Arbeit jedes Priesters. Dazu braucht es ein starkes Rückgrat, denn nur wer ein Rückgrat hat, kann sich auch bücken und jene Tiefen des Lebens erreichen, in die die Menschen durch Konflikte und Auseinandersetzungen, durch Bedrängnisse und Leiden hineingeraten oder hineingezogen werden.

Handauflegung

Das wichtigste sakramentale Zeichen bei der Priesterweihe ist die Handauflegung durch den Bischof, verbunden mit dem Weihegebet. Der Bischof legt schweigend die Hände auf den Kopf des Kandidaten und ruft den Heiligen Geist herab. Er betet, dass der Weihekandidat verwandelt und befähigt wird, den Dienst des Priesters in Heiligkeit zu leben. Nach dem Bischof, so ist es ein alter liturgischer Brauch, legen auch alle mitfeiernden Priester als Zeichen ihrer Verbundenheit mit dem Neugeweihten die Hände auf. Die Priester sind ja in sakramentaler Bruderschaft miteinander verbunden und bilden mit dem Bischof das eine „Presbyterium".

Es ist immer ein bewegender Augenblick, wenn unter Glockengeläute und im Schweigen aller Mitfeiernden ein Priester nach dem anderen zum Neugeweihten geht und ihm die Hände auflegt. Das Entscheidende geschieht im Schweigen und in der Stille. Nicht menschliche Worte oder Fähigkeiten, sondern das Wirken des Heiligen Geistes wird dabei spürbar. Die Handauflegung durch den Bischof verleiht die Kraft des Heiligen Geistes. Sie macht die Priester zu Dienern der anderen Sakramente der Kirche. Dabei ist immer Christus selbst der Handelnde, der mit der Gnade seiner Zuwendung wirkt. Er verdeutlicht und erklärt durch das Handeln des Bischofs und der Priester seine Liebe in den sakramentalen Zeichen der Kirche.

Weihegebet

Nach dem langen Schweigen und stillen Beten des Bischofs und aller Mitfeiernden folgt das Weihegebet. Dabei erinnert der Bischof daran, dass schon im Alten Bund verschiedene Dienste und Ämter in heiligen Zeichen übertragen wurden. An Mose und Aaron wird gedacht, aber auch an den Zug Israels durch die Wüste und die vielen Männer, die dabei zu einem Dienst und einem Amt berufen wurden. Der Bischof bittet Gott auch um „Gefährten und Helfer" für seinen eigenen priesterlichen Dienst und betet: „Allmächtiger Gott, wir bitten dich, gib diesen deinen Dienern die Würde des Priestertums. Erneuere in ihnen den Geist der Heiligkeit. Das Amt, das sie aus deiner Hand, o Gott, empfangen, die Teilhabe am Priesterdienst, sei ihr Anteil für immer. So sei ihr Leben für alle Vorbild und Richtschnur."
Und weiter bittet der Bischof, dass die Verkündigung in den Herzen der Menschen Frucht bringe und das Volk Gottes genährt werde am Altar, die Sünder versöhnt und die Kranken zu ihrer Heilung durch den Dienst der Priester

gesalbt werden. Für die Menschen sind die Priester da, auf die Entfaltung ihres gemeinsamen Priestertums sind sie hingeordnet, „ordiniert". Deshalb wird die Weihe manchmal auch „Ordination" genannt, und das Sakrament der Weihe heißt lateinisch „Ordo".
Aus der Kraft der Weihe, aus der Gnade der Sendung, aus der Bevollmächtigung zum Dienst lebt der Priester seinen geistlichen Weg. Er darf seinen Weg in der Gegenwart des Herrn gehen.

Salbung der Hände

Nachdem die Neugeweihten die priesterlichen Gewänder mit Hilfe ihrer Heimatpfarrer angelegt haben, knien sie vor dem Bischof nieder und er salbt ihnen die Handflächen mit Chrisamöl. Dabei betet er, dass Christus, der selbst mit Heiligem Geist gesalbt wurde, den Priester dazu stärke, das Volk Gottes zu heiligen und das heilige Messopfer darzubringen. Deshalb sprechen wir von den geweihten Händen des Priesters. Von seinen Händen soll Segen ausgehen. Er wird mit seinen Händen die Menschen in der Feier der heiligen Sakramente berühren. Er kommt mit leeren Händen zu den Menschen, aber durchlässig für Gottes Liebe und heilende Salbung. An dieses Zeichen der Weihe erinnere ich mich oft: Was ich geben kann, ist mir geschenkt worden. Das Offensein für die liebende Zuwendung Gottes macht mich fähig für den Dienst. Ich komme als Bischof mit leeren Händen, aber als Priester mit der Salbung durch den Heiligen Geist, mit der Gnadenfülle Gottes.

Überreichung von Brot und Wein

Eine sehr berührende Geste bei der Priesterweihe ist es, wenn Angehörige, Eltern, Geschwister oder Pfarrangehörige Brot und Wein bringen, die der Bischof dann dem Neupriester übergibt mit den bedeutsamen Worten: „Empfange die Gaben des Volkes für die Feier des Opfers. Bedenke, was du tust, ahme nach, was du vollziehst, und stelle dein Leben unter das Geheimnis des Kreuzes.“ Das sind ein geistliches Programm und eine spirituelle Leitlinie für jeden priesterlichen Dienst am Altar und unter den Menschen. Was sich hier vollzieht, weist hin auf das Geheimnis der Lebenshingabe Jesu Christi und ist eine Einladung, daran teilzunehmen. „Er soll achtsam tun“, sagt Anselm Grün, „was er vollzieht, und es als Bild für seine ganze Existenz verstehen. Der Priester muss mit seiner ganzen Existenz zum ‚Brot‘ werden, das die Menschen nährt. Nachahmen, was in der Eucharistie vollzogen wird, das heißt, sich mit Christus hingeben, bereit sein, seine Existenz aufs Spiel zu setzen für die Menschen und für den Dienst, in den Christus ihn beruft“ (Die Weihe, Seite 33).

Danach wird der Priester in jeder heiligen Messe die Gaben des Volkes annehmen und Brot und Wein in Leib und Blut Christi verwandeln. Die Gläubigen bringen in der Eucharistiefeier die Gaben der Schöpfung. Sie bringen von den Gaben der Erde Brot und Wein, die Gott geschenkt hat. Mit diesen Gaben bringen sie in jeder Eucharistiefeier sich selbst dar, mit ihrem Glück und mit ihrem Leid, mit ihrer Erfahrung der Konflikte und mit ihrer Sehnsucht nach Liebe. Sie bringen das Leben der Welt auf den Altar und bitten Gott, dass er es verwandelt, dass er die Gaben der Schöpfung verwandelt in Leib und Blut seines Sohnes Jesus Christus, zur Nahrung auf dem Weg zur ewigen Seligkeit.

Umarmung der Neupriester

Die Zusage des Friedens für ein sicher aufregendes Leben als Priester ist eine Geste bei der Priesterweihe, mit Zuwendung und Zuversicht zum Ausdruck gebracht. Ich erinnere mich an eine Weihe, bei der ich den Neupriester gebeten habe, nach dem Friedensgruß des Bischofs zu seinen Eltern zu gehen und ihnen auch diesen empfangenen Frieden zu bringen und zuzusprechen. Das war ein sehr bewegender Augenblick. Das hat dann manche Sorgen und Bedenken gelöst und Eltern und Sohn und Bischof wieder miteinander in Hoffnung auf Gott hin verbunden. Besonders in heutiger Zeit, in der die priesterliche ehelose Lebensform nicht mehr selbstverständlich ist, sondern vielfach in Frage gestellt wird, sind die Eltern oft sehr besorgt, ob der Weg ihres Sohnes zum Priesterberuf der richtige ist und ob er darin auch die Erfüllung seines Lebens finden wird.

Diakonenweihe

In diesen Tagen, als die Zahl der Jünger zunahm, begehrten die Hellenisten gegen die Hebräer auf, weil ihre Witwen bei der täglichen Versorgung übersehen wurden. Da riefen die Zwölf die ganze Schar der Jünger zusammen und erklärten: Es ist nicht recht, dass wir das Wort Gottes vernachlässigen und uns dem Dienst an den Tischen widmen. Brüder, wählt aus eurer Mitte sieben Männer von gutem Ruf und voll Geist und Weisheit; ihnen werden wir diese Aufgabe übertragen. Wir aber wollen beim Gebet und beim Dienst am Wort bleiben. Der Vorschlag fand den Beifall der ganzen Gemeinde, und sie wählten Stephanus, einen Mann, erfüllt vom Glauben und vom Heiligen Geist, ferner Philippus und Prochorus, Nikanor und Timon, Parmenas und

Nikolaus, einen Proselyten aus Antiochia. Sie ließen sie vor die Apostel hintreten, und diese beteten und legten ihnen die Hände auf. Und das Wort Gottes breitete sich aus, und die Zahl der Jünger in Jerusalem wurde immer größer; auch eine große Anzahl von den Priestern nahm gehorsam den Glauben an (Apg 6,1–7).

Die Apostel sollten beim Wort Gottes bleiben und Zeit haben zur Verkündigung. So haben sie Diakone bestellt für den Dienst an den Notleidenden und Armen. Weihe als christliches Sakrament ist etwas ganz anderes, als jemandem einen Titel oder Status zusprechen. Weihe ist eine wesentliche Lebensänderung eines Menschen. Sie ist eine innere Prägung, die einen Menschen verwandelt. Er soll der Gestalt Jesu Christi in seinem Leben gleich werden. So ist es auch bei der Bestellung der Diakone, die in der Kirche durch Handauflegung und Gebet sakramental gefeiert wird.

„Ständiger Diakon"

Lange Zeit wurden in der Kirche zu Diakonen nur Männer geweiht, die sich für den priesterlichen Dienst in der Kirche entschieden hatten. Diakonsein war und ist deshalb immer noch eine Voraussetzung für den Empfang der Priesterweihe.
Seit dem Zweiten Vatikanischen Konzil (1962–1965) hat die Kirche auch wieder die Möglichkeit geschaffen, sakramental zum „Ständigen Diakon" erwählt und bestellt zu werden (vgl. Kirchenkonstitution, Nr. 29). Diese Weihe wird verheirateten Männern gespendet, damit sie im Auftrag des Diözesanbischofs in der Kirche im liturgischen und seelsorglichen Leben, in sozialen und karitativen Wer-

Für andere da sein und mit Christus Seelennahrung werden, das ist ein Auftrag an den Priester. Sich den Menschen schenken, weil Gott selbst sich geschenkt hat, ist ein Lebensziel im priesterlichen Dienst. Diese gelebte Liebe Gottes zeigt den Menschen, was Leben auch sein kann. Gott trägt jeden von uns Menschen, der wie ein Priester sein Leben in seine Liebe legt.

ken ihren Dienst mit Hilfe der sakramentalen Weihegnade wirksam erfüllen. Diakone helfen dem Bischof und den Priestern in vielfältiger Weise bei der Feier der Eucharistie, sie dürfen das Sakrament der Taufe spenden, den Segen über die Brautleute sprechen und das Sakrament der Ehe feiern, sie verkünden das Evangelium in der heiligen Messe und in Wort-Gottes-Feiern. Sie können eine Predigt halten, leiten kirchliche Begräbnisfeiern und widmen sich verschiedenen karitativen Diensten.

Beten lassen

Diakonsein bedeutet aber auch, im Gebet die Sorgen der Menschen und die Nöte der Welt vor Gott zu bringen. Sie werden bei der Weihe gefragt, ob sie bereit sind, aus dem Geist der Innerlichkeit zu leben und Männer des Gebetes zu werden. Sie verpflichten sich auch, das Stundengebet (am Morgen, Mittag, Abend und in der Nacht) gemeinsam mit dem Volk Gottes und für dieses Volk, ja für die ganze Welt, treu zu verrichten. Bei den Diakonen kann man also beten lernen und beten lassen. Sie erleben, dass ihnen Christus in den Notleidenden und Armen begegnet. Sie bringen die Leiden der Menschen in den Fürbitten der Messe zur Sprache.

Christus in den Armen

Christus in den Armen zu erkennen, das braucht Lebensbildung, Wissen vom Menschen und seinen Hoffnungen, religiöses Gespür, Gebet, Innerlichkeit und das Wahrnehmen von Christi Zuwendung zu uns in den Augen der Armen, Notleidenden und Kranken. Christus schaut uns durch die Augen der Kranken und Notleidenden an.
Eine Frage, die auch mich immer unruhig macht und die

ich mir deshalb oft stelle ist: „Hast du Freunde unter den Armen?“ Die Armen sind für uns der „Begegnungsort“ Jesu Christi, die Leidenden ebenso. Unsere Verkündigung wird sich aus solchen Begegnungen eine tiefe Innerlichkeit und Herzlichkeit schenken lassen.
Im Weihegebet der Diakonenweihe wird ganz klar dieser Dienst betont: „Das Evangelium Christi durchdringe ihr Leben. Selbstlose Liebe sei ihnen eigen, unermüdliche Sorge für die Kranken und die Armen, ... das Beispiel ihres Lebens soll die Gemeinde auf den Weg der Nachfolge führen.“

Christliches Leben

Das Beispiel des christlichen Lebens als Ausdruck der Glaubwürdigkeit wird in der Liturgie nochmals deutlich angesprochen, wenn dem Diakon das Evangelienbuch überreicht wird. Dabei sagt der Bischof: „Empfange das Evangelium Christi: Zu seiner Verkündigung bist du bestellt. Was du liest, ergreife im Glauben; was du glaubst, das verkünde, und was du verkündest, erfülle im Leben.“

Osterlicht tragen

Dem Diakon kommt auch ein liturgischer Dienst mit einer tiefen religiösen Symbolik zu. In der Osternacht trägt er das Licht der Osterkerze in die dunkle Kirche hinein und verkündet dann das Osterlob der Kirche. Das ist eine der schönsten Aufgaben des Diakons: die Osterkerze in der dunklen Kirche hochzuhalten und dabei zu singen: „Christus, das Licht!“ Und diese eine Osterkerze gibt allen, die in der Dunkelheit sind, Licht, Orientierung, Freude. Aufgabe des Diakons ist es also, das Osterlicht hineinzutragen und hineinzuhalten in die Dunkelheit der Zeit. Was sich in der Osternacht im heiligen Ritus vollzieht, das soll sich wie das Osterlicht in der Finsternis verbreiten und durch Gesten, Handreichungen, aufrichtende Worte in der Zuwendung zu Menschen weitergehen.

Diener sein

Der Diakon erklärt sich bereit, Heimatlosen und Notleidenden beizustehen, helfend denen nahe zu sein, die in Bedrängnis sind. Es ist dies der Dienst, die Liebeshingabe Jesu Christi zu leben, andere ins Osterlicht, in Jesus Christus selbst, zu heben, andere vertraut zu machen mit der Hoffnung, die Gott uns geschenkt hat. Das bedeutet, ganz behutsam bei den Menschen zu sein und mit ihnen das Schwere, aber auch die Freude und Hoffnung zu teilen. Ein anderes Mal wird man Menschen die Hand zum Frieden reichen und sie zum Frieden mit anderen bewegen. Manchmal wird dieser Dienst auch darin bestehen, geduldig und mit innerer Ruhe auszuhalten und sich offen zu halten, bis der andere sich aussprechen kann. Die Aufgabe der Diakone ist es also, ganz Diener zu sein und Diener zu bleiben. Ein Diakon ist berufen und geweiht, im Auftrag der Kirche ein dienender Mensch zu sein und mit ganzer Hingabe des Herzens zu leben.

Geistliches Lebensfeuer entfachen

Bischöfe, Priester und Diakone brauchen eine große spirituelle Elastizität, um in den wechselnden Anforderungen geistlich wach zu bleiben. Manchmal verringern Hektik und Stress die Leuchtkraft der Segensbringer. Deshalb brauchen sie eine Lebensdurchsichtigkeit und müssen, um ein Wort von Bischof Joachim Wanke aufzugreifen,

„Horizonterweiterer" sein, die anderen den Himmel erschließen in unserer Zeit. Die Kirche sucht deshalb Menschen, die als Geistliche nicht andere mit ihren eigenen frommen Einsichten beglücken oder für sich gewinnen wollen, sondern die taktvoll und behutsam andere Menschen mit ihren Gotteserfahrungen ernst nehmen. Dazu gehört auch, dass wir selbst bereit sind, andere behutsam an der Hand zu nehmen und sie an unserer Gotteserfahrung teilnehmen zu lassen.
Es ist ja nicht so einfach, die Einsicht zuzulassen, dass der Ärger, der Frust, die Erfolglosigkeit, der Gegenwind, die Kreuzeserfahrungen des alltäglichen Lebens zum „Brennstoff" für das eigene geistliche Lebensfeuer werden können. Es ist nicht einfach, bei sich selbst und bei anderen die eigene Niedergeschlagenheit, die eigene Müdigkeit, Erfolglosigkeit als Brennholz zu verstehen für das Feuer des Geistes Gottes.

Segensträger sein

„Kann man das?" fragen manche, „ein Geweihter sein? Mit seinen eigenen Schwächen?". Trägt nicht jeder – psychologisch gesprochen – auch seinen eigenen, schweren Schatten mit, vielleicht körperliche, seelische, biographiebezogene Gebrechen? Man muss oft selbst lange Wege zurücklegen, bis die Lebenswunden zur Verwandlung reif geworden sind und dann auch anderen zum Segen gereichen. Aus eigenen Kräften werden wir das schwer schaffen können. Wenn wir dies für uns selbst anerkennen, sind wir auch bereit, anderen darin beizustehen und sie zu ermutigen.
Gott ist in Jesus Christus selbst „herabgestiegen" in die Abgründe des irdischen Daseins, in Leid, Neid, Verrat,

Krankheit und Tod. In Jesus Christus ist Gott Mensch geworden. Von dem Gott her, dessen Wunden die Rettung der Menschen sind, von dem Gott, der das Kreuz angenommen und durchgetragen hat, der auch von innen heraus die Herzen verwandelt in das Licht der Osternacht, geht Segen für die Welt aus. Wir dürfen unsere Sendung als Segensträger von Gott her verstehen und beginnen. Das wird dann erlebbar, wenn die Priester an der Seite der Menschen das Evangelium lesen, miteinander das Liebesangebot Gottes zu verstehen und zu leben versuchen.

Das Sakrament der Ehe

Dann sprach Gott: Lasst uns Menschen machen als unser Abbild, uns ähnlich. Sie sollen hüten die Fische des Meeres, die Vögel des Himmels, das Vieh, die ganze Erde und alle Kriechtiere auf dem Land. Gott schuf also den Menschen als sein Abbild; als Abbild Gottes schuf er ihn. Als Mann und Frau schuf er sie. Gott segnete sie, und Gott sprach zu ihnen: Seid fruchtbar, und vermehrt euch, bevölkert die Erde, beschützt sie und hütet die Fische des Meeres, die Vögel des Himmels und alle Tiere, die sich auf dem Land regen.
Dann sprach Gott: Hiermit übergebe ich euch alle Pflanzen auf der ganzen Erde, die Samen tragen, und alle Bäume mit samenhaltigen Früchten. Euch sollen sie zur Nahrung dienen. Allen Tieren des Feldes, allen Vögeln des Himmels und allem, was sich auf der Erde regt, was Lebensatem in sich hat, gebe ich alle grünen Pflanzen zur Nahrung. So geschah es. Gott sah alles an, was er gemacht hatte: Es war sehr gut (Gen 1,26–31a).

(Unterstrichene Wörter: Wörtliche Übersetzung aus dem Hebräischen)

Gott hat also den Menschen aus Liebe als Mann und Frau erschaffen. Er gründet und begleitet diese liebevolle Zuwendung und Annahme von Mann und Frau so, dass diese Liebe ein Abbild von Gottes Liebe zur Welt ist. Er segnet die Liebe von Mann und Frau und schenkt die Kinder dieser Liebe. Die Heilige Schrift sagt, dass Mann und Frau füreinander geschaffen sind (Gen 2,18 und Gen 2, 20b–24).
Heiraten ist deshalb ein öffentliches Versprechen der Treue, ein Veröffentlichen einer elementaren Beziehung von Mann und Frau mit der Zusage, einander im Leben beizustehen, einander zum Leben zu helfen, einander in Treue zu begleiten. So ist für alle anderen klar, wer zusammengehört und wer mit wem in liebevoller und verbindlicher Ehegemeinschaft verbunden ist. Viele sehnen sich nach dem Segen Gottes für ihre Ehe und freuen sich auf eine Hochzeit in großer Feierlichkeit.

Liebe lebt von Zuspruch der Hoffnung

Frau und Mann wollen ihre Verbindung unter das Antlitz Gottes stellen und den Beginn des gemeinsamen Lebens „vor Gottes Angesicht" feiern.
Manche ahnen wieder, dass ihnen mit der Feier der kirchlichen Trauung auch Hoffnung zugesprochen wird. Es gratulieren ihnen ja viele zur Hochzeit und wünschen einen guten Weg miteinander.
Wenn Mann und Frau in ihrer natürlichen Partnerschaft eines Tages nur noch in eine gemeinsame Wohnung ziehen, dann zeigen sie, dass ihre Gemeinsamkeit ihnen nicht mehr wert ist, gefeiert zu werden. Sie „ziehen" nur noch zusammen, sie wollen nicht mehr verbindlich „miteinander gehen". Die Gefahr, dass diese Beziehung dann

sehr bald in der Banalität beliebig wird und zerbricht, ist groß.
Die Situation und die Voraussetzungen, unter denen Paare heute zur kirchlichen Trauung kommen, haben sich in den letzten Jahren jedoch auch von Grund auf verändert. Viele leben schon vor der Eheschließung zusammen. Mehr als die Hälfte der Brautpaare hat schon gemeinsame Kinder. Viele haben auch bereits das Zerbrechen einer nicht-ehelichen Lebensgemeinschaft hinter sich. Oft haben sie seelische Wunden oder Narben. Sie brauchen deshalb oft auch nach der Trennung von dem ehemaligen nicht-ehelichen Partner eine Zeit der Versöhnung mit sich und mit ihm, um ihre „Geschichte" anzunehmen und aufzuarbeiten.

Liebe lebt von gemeinsamer Lebenserfahrung

Wer heute eine kirchliche Ehe schließt, lässt sich auf eine sehr lange gemeinsame und verbindliche Lebenserfahrung ein, mit sehr unterschiedlichen „Zeiten" der Zweierbeziehung, der Zeit miteinander und füreinander, der Zeit mit den Kindern, der Großelternzeit und der Zeit des gemeinsamen Altwerdens miteinander, manchmal sogar auch des Einsam- und Hinfälligwerdens.
Die Bindung zur Kirche ist bei den Paaren, die meist im Alter um dreißig heiraten, oft gering, weil vielen wegen vielfältiger anderer Beanspruchungen und Herausforderungen der Glaube fremd geworden ist. Sie haben eine gewisse Sprachlosigkeit im Glauben. Trotzdem sind sie – vielleicht sogar deswegen – oft sehr froh, wenn sie in der Feier der Trauung ihre Lebenshoffnungen, ihre Wünsche und Sehnsüchte nach einem glückenden Leben feiern dürfen.

Liebe lebt vom Veröffentlichen der Liebesbeziehung

Wer in einer Kirche heiratet, veröffentlicht damit im Gotteshaus seine Liebesbeziehung. Die kirchliche Trauung ist deshalb mehr als nur eine „private Veranstaltung". Was zwischen einem Mann und einer Frau an Vertrautheit, an Herzlichkeit, an Freundschaft, an gegenseitigem Suchen und an Offenheit füreinander gewachsen ist, wird in der kirchlichen Trauung mit dem Segen Gottes miteinander verbunden und für verbindlich erklärt. Die Kirche wird so zum Ort, an dem die Gnade Gottes zum Durchhalten und Bestehen dieser ehelichen Treuebeziehung füreinander erbittet und einander zugesprochen wird.

In dieser kirchlichen Trauung wird die Liebeszuwendung Gottes zu Mann und Frau ausgesprochen, damit im gemeinsamen Leben aufgehen und aufblühen kann, was von Gott an Güte und Menschlichkeit im Herzen jedes Menschen grundgelegt ist. Das ist doch mehr, als „heimlich" eine Beziehung zu beginnen und vielleicht ein Leben lang in einer nicht veröffentlichten Partnerschaft zu verbringen. Die Veröffentlichung dieser ehelichen Gemeinschaft, dieses vor Gott und voreinander verbindlichen Treueverhältnisses schenkt eine neue Lebensdynamik. Viele Paare, die eine Zeit lang in einer „offenen Beziehung" gelebt haben, bestätigen dies ausdrücklich. Mit der kirchlichen Trauung haben sie eine neue Zukunftsperspektive gewonnen, nicht nur, weil das Brautpaar in der Vorbereitung immer wieder in Gedanken bei der Feier und dem Hochzeitsfest war, sondern weil ihnen von allen, die mitfeiern und sich mitfreuen, Hoffnung zugesprochen wird. Die gemeinsame Hoffnung verspricht, dass ihre öffentlich begründete Lebensgemeinschaft hält. Zu allen, die mitfeiern und sich mitfreuen, gehört ausdrücklich auch Gott selbst.

Liebe lebt von der Gnade Gottes

Wer schon kirchlich verheiratet ist, weiß um die Dynamik einer kirchlichen Hochzeitsfeier. Da wird eine innere Kraft zugesprochen, die man so einander nicht von sich aus geben oder schenken kann. In der kirchlichen Trauung wird dem Brautpaar von Gott eine neue Zukunft verheißen, die eine schöpferische Energie auslöst, eine Energie des Vertrauens und der Zuversicht. Deshalb kann dann das Brautpaar sich dieses Vertrauen und diese Zuversicht weiterschenken. Es kann sich mit Gottes Hilfe und seiner Gnade „trauen".

Liebe lebt von Kindern

In der kirchlichen Trauung gibt es diese innere Dynamik der Gnade Gottes, die zugesprochen wird und die auch weiterhin das Ehepaar begleitet. Damit wird auch ein Schutzraum des Vertrauens geschaffen, der die größte Kostbarkeit ist und in den hinein Kinder geboren werden und aufwachsen dürfen. Wenn in dieser Treuebeziehung, die auf Zukunft hin versprochen ist, Kindern das Leben geschenkt wird, dann haben sie darin den von Gott gewollten natürlichen Entfaltungsraum, der ihnen zum Leben gegeben werden kann. Mitfeiernde wünschen dem Ehepaar, dass es so miteinander in Liebe umgeht und in Treue miteinander leben kann, dass in diese Treuebeziehung hinein Kinder „zur Welt kommen", das „Licht der Welt erblicken" und aufwachsen können. Die beständige und sich ständig erneuernde Liebe der Eltern wächst und prägt sich so auf Zukunft hin in den Gesichtern ihrer Kinder aus.

Liebe lebt vom Loben

Jede kirchliche Liturgiefeier, besonders die Eucharistiefeier lebt vom Lobpreis Gottes und vom Danken. Man könnte eigentlich sagen, wenn man sonntags zur heiligen Messe geht: „Ich gehe zum Loben" (Willi Lambert, Wovon die Liebe lebt. Würzburg 2005, Seite 22). So ist Gott zu loben dafür, dass er mit uns unterwegs ist, er ist zu loben für die Schönheit der Schöpfung, für die Schönheit der Sonnenaufgänge und die Wunder der Natur.
Christliche Ehe lebt wie jede andere tragfähige menschliche Gemeinschaft vom Erzählen der Schönheiten der Schöpfung und des Lebens. Wenn Ehepaare einander für das preisen, was Gott an Gaben dem anderen Ehepartner geschenkt hat, für das, was in den Kindern ins Leben hineinwächst, wenn sie miteinander wahrnehmen, mit welch großer Kreativität die Gaben des Geistes Gottes in ihrer Familie wachsen, werden sie viel zu erzählen, viel zu loben und zu danken haben. Ihr Leben wird geprägt sein von diesem Loblied der Freude an Gott und über den Menschen. So können sie auch Gott an sich selbst und im anderen entdecken und ehren.

Liebe lebt vom Verwandeln

Bei jeder heiligen Messe, also in der Eucharistiefeier der Kirche, bringen wir unsere Gaben zum Altar. Es sind die Gaben der Schöpfung, die Gaben des Lebens. Wir sind dabei eingeladen und aufgerufen, wahrzunehmen, was die einen oder die anderen bringen: die Kinder ihre Eltern, die Eltern ihre Kinder. Eheleute können dabei die Gaben wahrnehmen, die Gott in ihre kleine Hauskirche, ihre Familie, hinein geschenkt hat. Miteinander bilden sie ja

Zwei Menschen auf dem gemeinsamen Weg, verbunden durch die Strahlen des Lichtes, sind der Sonne zugewandt, um reifen und Frucht bringen zu können. Tief verwurzelt und hoch hinaufragend in das Licht Gottes, um im Licht seiner Liebe eins zu werden, das ist Ehe in seiner höchsten Anforderung.

eine Kirche in ihrem Haus, eine Gemeinschaft von Glaubenden, Hoffenden und Liebenden. Gott schenkt ihnen die Gaben, die sie einander weiterschenken; Gaben, die Gott verwandelt für das weitere Leben.
Dabei lassen wir das los, was Gott uns gegeben hat. Wir halten es also nicht mehr eigensüchtig für uns fest. Das bedeutet dann: Wir „opfern" es auf. Und wenn wir diese Hingabe der Liebe für die anderen so vollbringen, dann wird diese Gabe nochmals verwandelt von Gott und noch größer, göttlicher.
Die Liebesbeziehung lebt von dieser Verwandlung. Von Verwandlung der Herzen füreinander, von Verwandlung der Liebe und Treue, der liebevollen Aufmerksamkeit, von Verwandlung der Gaben, die jeder Einzelne mit- und so in die Ehe und Familie einbringt. Und wenn die Brautleute bei jeder heiligen Kommunion am Tisch des Altares den Leib des Herrn empfangen, dann möge ihnen bewusst werden: Wir sind ja auch einander wie Brot. Wir sind einander Nahrung und Stärkung. Wir sind einander Lebenskraft. Auch in der heiligen Kommunion empfangen sie in Jesus den anderen. Sie empfangen einander. Wir nehmen einander auf, wir sollen füreinander da sein, genießbar sein und einander Nahrung geben in Liebe.

Liebe lebt vom „Sich-dem-anderen-schenken-Lassen"

Alle Mitfeiernden bei der kirchlichen Trauung sind immer tief ergriffen, wenn das Brautpaar im Vermählungsspruch zueinander sagt: „Ich nehme dich an." Der Bräutigam sagt den Namen der Braut und: „Ich nehme dich an als meine Frau"; die Braut sagt den Namen des Bräutigams und: „Ich nehme dich an als meinen Mann." Wir erinnern uns an das Sprichwort: „Geben ist seliger als Nehmen." Wenn wir etwas schenken dürfen, dann macht uns das froh. Geben ist oft viel leichter, als sich etwas schenken zu lassen. Aber die Ehe lebt davon, dass man sich so verhält, dass der Partner ein Schenkender sein kann. Dieses Schenken ist also nicht einseitig.

Das wird dann spätestens nach der kirchlichen Trauung die große Herausforderung sein für eine kreative Gestaltung der ehelichen Gemeinschaft: sich so zu verhalten und so miteinander zu leben, dass der andere selig sein kann im Sich-Verschenken auf seinen Ehepartner hin.

Die Kirche lässt die Brautpaare deshalb auch im Trauungswort sinngemäß sagen: „Ich schenke mich dir" und nicht: „Ich lasse dich mir schenken." Der Ehepartner ist eine Person, der man sich schenkt und die sich dem anderen verschenkt. Das ist das tiefste Geheimnis der ehelichen Beziehung.

In der Zusage der Treue sagt der Bräutigam: „Ich nehme dich an als meine Frau" und die Braut sagt: „Ich nehme dich an als meinen Mann." Also nicht irgendein Mann, nicht irgendeine Frau, sondern „mein" sagen die Brautleute. Dieses „mein" bedeutet nicht, dass sie damit einen Besitzanspruch aufeinander stellen oder behaupten wollen, sondern dass sie sagen und liebend bekennen: „Du bist es und sonst kein anderer."

Alles, was Frausein, was Mannsein ausmacht, versucht das Paar am Lebenspartner zu entdecken und zu wahren. Er ist mein Mann und sie ist meine Frau. Dieser Raum des Vertrautseins soll immer wieder Respekt vor der Realität des anderen schenken. Respekt vor den Eigenheiten, die jede und jeder in die Ehe mitbringt, und Respekt vor den Gewohnheiten, von denen manche vor der Eheschließung bereits bekannt sein mögen und andere noch nicht,

Respekt vor den charakteristischen Eigenheiten, die Einzelne leben, davor, wie sie den Alltag gestalten, sich ausdrücken und mitteilen wollen. Dies alles braucht Respekt voreinander und Verständnis, wenn Frauen zum Beispiel vieles anders erfühlen und ein anderes Sprachverhalten haben als Männer. Frauen wollen oft reden und erzählen, um menschliche, unbeschwerte Kommunikation miteinander zu leben und zu erleben. Männer wollen oft nur oder besonders dann reden, wenn sie Probleme haben, diese lösen oder etwas „klar machen" wollen. Man könnte sagen: Frauen wollen meistens freiherzig und ohne Bedingung mit dem Ehepartner sprechen, Männer nicht selten unter bestimmten Bedingungen oder aus konkretem Anlass. Die Ehepaare müssen wissen oder lernen: Vieles ist oft nicht in dem „Tempo" zu lösen oder zu erledigen, wie Männer das wollen, und auch nicht in dem Zeitausmaß auszuhalten und auszudehnen, das sich Frauen erwarten. Das alles ist miteinander zu lernen. Das bedeutet ja die beiderseitige Zusage im Trauversprechen: „Ich nehme dich an." Wichtig ist deshalb, sich immer wieder gemeinsam zu vergewissern und auch gelegentlich selbstkritisch zu prüfen, ob man so denkt und mitfühlt, wie der andere denkt und fühlt, ob man verstanden hat und versteht, was der andere Ehepartner sagt, meint und fühlt.

Liebe lebt von der Kommunikation

Die Kommunikation ist die größte Gabe, die Ehepaare brauchen, um ihre Ehe miteinander leben zu können. Dies braucht Zeit im Sich-einander-Schenken, auch in der Rücksicht füreinander, zum Beispiel, wenn der eine augenblicklich andere Interessen und Wünsche hat als solche, die der andere zu erfüllen bereit ist. Kommunikation ist auch notwendig im Aushalten und Mittragen von Entwicklungen, die der eine Ehepartner durchmacht, manchmal auch im Stillsein-Müssen oder Stillsein-Können, weil er Zeit und Raum braucht, um zu sich zu kommen, um zu sprechen, um sich mitzuteilen und sich zu erklären. Kommunikation mit Sprache und Gesten, Verstand und Gefühl sind auch notwendig, um sich zu versöhnen, um einander zu vergeben, einander in Liebe wieder anzunehmen und auszuhalten. Denn „Liebende leben von der Vergebung“ (Manfred Hausmann).

Liebe lebt vom Geheimnis der Ehe

Das Geheimnis der Ehe wird in der kirchlichen Trauungsfeier nach dem Vermählungswort dadurch angedeutet, dass der Priester oder Diakon dem Brautpaar sagt: „Nun reichen Sie einander die rechte Hand.“ Dann wickelt er die Stola um die Hände des Ehepaares. Die Stola ist das Zeichen des geistlichen Amtes, das von Gott durch die Kirche verliehen ist. Der Geistliche bekräftigt mit diesem Zeichen die Verbindung von Mann und Frau. Der Geistliche legt seine segnende Hand über den Bund, den die Brautleute vor Gott und der Kirche geschlossen haben. Dann nimmt er alle Anwesenden zu Zeugen „dieses heiligen Bundes“. Er spricht dabei das Wort der Heiligen Schrift, das Jesus Christus ausdrücklich wieder in Erinnerung ruft, um das unverbrüchliche Geheimnis der Ehe zu offenbaren: „Was Gott verbunden hat, das darf der Mensch nicht trennen.“ Die mitfeiernden Anwesenden werden durch ihre Teilnahme an der kirchlichen Trauung zu aktiv Teilnehmenden, zu Zeugen.

Liebe lebt von der „Energiequelle" Gottes

Das gemeinsame Gebet der Eheleute miteinander und füreinander ist die Energiequelle, die Gott schenkt. Am Abend eines Tages dürfen sie ihr Leben immer hineinbergen in die Barmherzigkeit Gottes. Und wenn sie darin wahrnehmen und erkennen, wie Gott gütig zu jedem von ihnen ist, dann wird ein Blick zum Partner, zur Partnerin hin sie selbst gütig sein lassen in all den Unzulänglichkeiten, die menschliches Leben immer auch mit sich bringt. Die Barmherzigkeit Gottes miteinander und beieinander in liebender Zuwendung auszubuchstabieren in den unterschiedlichen Stimmungen eines jeden Tages, das wird dann ihre Treuebeziehung stärken und heiligen. Sie erfahren und bekennen darin: Gott bleibt ihnen treu, und seine Barmherzigkeit ist die Kraft ihres Herzens und gemeinsamen Lebens in Treue. Davon bin ich überzeugt.

Feier der Trauung

In der Regel findet die Feier der kirchlichen Trauung zwischen katholischen Christen im Rahmen einer heiligen Messe statt. In dieser feiern wir den Bund Gottes mit seinem Volk, den Jesus Christus für immer „mit seinem Blut", das heißt mit seinem Leben besiegelt hat. Mit dieser Hingabe Jesu Christi für die Menschen, mit seiner Treue zu Gott und den Menschen, die im eucharistischen Opfermahl, in der heiligen Messe gefeiert wird, verbinden sich die Brautleute und empfangen miteinander das Brot des Lebens und den Kelch des Heiles. Die Eheleute erfahren und bezeugen so, was es bedeutet, dass die Feier der heiligen Eucharistie „Quelle und Höhepunkt des ganzen christlichen Lebens" ist (Kirchenkonstitution, Nr. 11).

Von der Feier der heiligen Messe empfangen wir also den Maßstab, wie Ehe miteinander gestaltet werden kann und soll. Immer lesen wir in der Kirche bei den heiligen Messen das Wort Gottes. Wir erzählen Geschichten der Bibel, wie Gott den Menschen begegnet, sie begleitet und aufrichtet. Wir hören darauf und geben eine Antwort. Ehe lebt in gleicher Weise vom Erzählen, wie Gott die in der Ehe miteinander Verbundenen begleitet. Die eheliche Partnerschaft lebt vom Gespräch der Paare miteinander. Es ist ja auch bei Jungverliebten selbstverständlich, dass man einander alles erzählen will. Ein Sprichwort sagt: „Wovon das Herz voll ist, davon geht der Mund über." Dies sollte auch nicht in den späteren Jahren der Ehe verloren gehen.
Immer, wenn Eheleute im Laufe ihres gemeinsamen Lebens miteinander zur heiligen Messe kommen, die Lesung hören und das Evangelium, dann werden sie sich an ihre eigene kirchliche Trauung erinnern und daran denken, dass sie auch zu Hause, in ihrer Familie sich wieder eine Geschichte erzählen könnten, die Hoffnung gibt für den gemeinsamen Weg. In diesem „heiligen Austausch" geben sie einander wieder, was Gott jedem Einzelnen von ihnen gegeben hat.
Die kirchliche Eheschließung besteht aus zwei sehr unterschiedlich scheinenden Handlungen der Trauungsfeier: Das erste Element ist die Konsenserklärung und das Eheversprechen. Dazu gehören die Fragen nach der Ehebereitschaft, die Segnung der Ringe und das gegenseitige Versprechen sowie die Bestätigungsformel, dass das Brautpaar jetzt einen Bund für das Leben geschlossen hat. Das zweite Element ist der Segen für die Eheleute, der so genannte „Brautsegen". Er besteht aus der Einladung an die mitfeiernde Gemeinde, im stillen Gebet für die Brautleute

vor Gott einzutreten. Darauf folgt dann das ausdrückliche Segensgebet der Kirche für Braut und Bräutigam. Beide Handlungen gehören aber innerlich zusammen, weil das Gebet für Eheleute und der „Brautsegen“ die gemeinsame Hoffnung von Gott her bestärken und auf das vorher vom Brautpaar gegebene Eheversprechen antworten.

Eheversprechen

Die Partner erklären gegenseitig ihren Ehewillen „vor Gott und vor der Kirche“ und stecken sich gegenseitig den Ehering, den Ring unverbrüchlicher Treue an. Im Vermählungsspruch wird die christliche Dimension der Ehe, vor allem ihre Unauflöslichkeit bezeugt, indem die beiderseitige Treue versprochen wird mit den Worten: „… bis der Tod uns scheidet.“
Wie schon früher erwähnt wurde, wird der Wille zur Eheschließung dadurch bezeugt, dass das Brautpaar sich im Vermählungsspruch ausdrücklich sagt: „Ich nehme dich an.“ Damit wird nicht nur der Ehewille bekundet, sondern auch das Wesensmerkmal der christlichen Ehe bestätigt und anerkannt, nämlich die Einheit und Unauflöslichkeit. Dies wird nach der Trauung die große Herausforderung sein für eine kreative Gestaltung der ehelichen Partnerschaft, nämlich sich so zu verhalten, dass der andere selig sein kann im Sich-Verschenken auf den ehelichen Partner hin.

Trauzeugen

Trauzeuge zu sein und eine Hochzeit mitzufeiern heißt auch, bereit zu sein, Verantwortung zu übernehmen für die unmissverständliche Klarheit und das Gelingen des Treueversprechens. Trauzeugen sollten daher auch Wegbegleiter des neuen Ehepaares werden und bleiben, mitgehen, schauen, wie sie die Landkarte des Lebens lesen, wie sie an steilen und schwierigen Etappen des Weges einander stützen, einander helfen können. Es geht nicht darum, sich in eine Ehe einzumischen. Es ist ein Dienst der Freundschaft dem Ehepaar gegenüber, ihm zu raten, wo es Rat braucht und erbittet, es zu ermutigen, wo es ein orientierendes und tröstendes Wort braucht, es im Guten zu bestärken. Aufgabe der Mitfeiernden ist es möglicherweise auch, Gewitterwolken am Ehehimmel mitzuerkennen und zu deuten, Gewitterwolken, die manchmal aufkommen und die ein Ehepaar auf dem unwegsamen Gelände seiner Probleme manchmal selbst nicht mehr rechtzeitig wahrnimmt oder deuten kann.

Brautleutesegen

Im Segensgebet über die Brautleute wird das Treueversprechen ausdrücklich und feierlich in das Licht des Handelns Gottes gestellt. Gott hat ja von Anbeginn die Ehe als die Grundordnung des menschlichen Zusammenlebens gestiftet und mit seinem Segen geheiligt. Dieser Segen, der seit der Schöpfung über der Ehe liegt, wird nun für ein einzelnes Brautpaar persönlich erbeten und gespendet. Unmittelbar nach dem Treueversprechen der Brautleute ist der Brautleutesegen das zentrale Gebet, sozusagen das „Hochgebet" des Trauungsgottesdienstes. Deshalb sollte der Brautleutesegen innerhalb des Trauungsritus auch möglichst unmittelbar auf das Trauungsversprechen und dessen Bestätigung durch den Priester oder Diakon folgen und nicht durch irgendwelche musikalischen Darbietungen unterbrochen werden. In diesem Brautleutesegen ist die spezifisch christliche Bedeutung der kirchlichen Trauung ausgedrückt. Zunächst wird die in der Schöpfung grundgelegte Ordnung des Zusammenlebens von Mann und Frau „nach dem Bild Gottes“ (Gen 1,27) verkündet und erinnert an den Schöpfungsbericht, nach dem Mann und Frau nicht mehr „zwei sind, sondern ein Fleisch“ (Gen 2,24). Dann wird nach dem Epheserbrief die Ehe als Abbild der Liebesgemeinschaft zwischen Christus und der Kirche dargestellt. Besonders wichtig ist die Aussage im Segensgebet, dass Gott es ist, „durch den die Frau dem Mann verbunden wird“. Dieser Segen Gottes ist das Fundament der ehelichen Verbindung. Er ist der Ausdruck der Liebeserklärung Gottes zu diesem Brautpaar, das nun zu einem Ehepaar geworden ist und das hineingenommen ist in die Welt und Wirklichkeit von Gottes erlösender Liebe.

In diesem Brautleutesegen wird die Ehe also deutlich und ausdrücklich unter den Segensschutz Gottes gestellt. Im Sinne von Röm 5,5 wird die Fülle des göttlichen Segens auf das Ehepaar herabgerufen, damit der Heilige Geist die Liebe Gottes in die Herzen der Eheleute gieße.

In diesem Segen wird der Braut zugesagt und für sie erbeten: „Es sei in deiner Dienerin die Gnade der Liebe und des Friedens. Sie bleibe Nachahmerin der heiligen Frauen, deren Lob in der Schrift verkündet wird.“ Dann folgt die Segensbitte für den Mann im Blick auf seine Frau: „Das Herz ihres Mannes vertraue auf sie, der in ihr eine gleichwertige Gefährtin und eine Miterbin der Gnade des Lebens erkenne und ihr mit gebührender Achtung begegne und sie mit jener Liebe liebe, mit der Christus seine Kirche geliebt hat.“ Wieder ist von einer heilbringenden Dimension der Ehe die Rede, wobei von den „Miterben der Gnade des Lebens“ (1 Petr 3,7) gesprochen wird. Deutlich ist also erkennbar, dass dieser Segen nicht ein oberflächliches Lob ist, sondern auch orientierende Vorgaben in sich trägt, also für das neue Ehepaar ein zukunftsfähiges Programm markiert im Licht der Gnade Gottes. Schließlich wird dann das eheliche Leben beider Ehepartner zusammen dem Schutz Gottes und seinem Segen anempfohlen und auf das ewige Leben hin ausgerichtet. Die christliche Ehe ist demnach Berufung zum Zeugnis für Christus und damit zum Dasein für andere.

In dieser Aussage liegt ein Schlüssel dafür, das Eheversprechen und den Segen in der Trauung einander recht zuzuordnen und miteinander zu verbinden. Das menschliche Eheversprechen, das die Brautleute einander gegeben haben, ist ja von Gottes Handeln getragen und umfangen. Das Segensgebet offenbart in der menschlichen Entscheidung zweier Partner zur ehelichen Gemeinschaft dieses göttliche Handeln an den Brautleuten. „Der Segen Gottes über die Ehe, in den sie durch das Gebet der Kirche aufgenommen werden, ist letztlich der Grund und das Fundament der ehelichen Verbindung, deren Rechtswirksamkeit eben im gemeinsamen Konsens begründet worden ist. Erst durch die in Gottes Segen hineingenommene und damit nur als Gabe Gottes mögliche Erklärung des Ehewillens kommt die christliche Ehe zustande“ (Reinhard Meßner, Einführung in die Liturgiewissenschaft. Paderborn 2001, Seite 380).

Gott ist es also, der durch seinen Segen, der auf die Brautleute herabgerufen wird, die schöpfungsgemäße Existenz in der ehelichen Gemeinschaft eröffnet. Christliche Ehe ist damit wie alle sakramentalen Handlungen der Kirche immer Gabe Gottes.

Von Bischof Alois Schwarz ist im Verlag Styria erschienen:

Bischof Schwarz führt zu großen Themen des christlichen Glaubens hin: zum Geheimnis der göttlichen Menschwerdung, zum Staunen über die Wunder der Natur, zur Freude am Leben und zur Hoffnung auf das Ewige. In allen Berufen und Lebenswelten ist es möglich, aus der Kraft des Glaubens zu leben und den Alltag zu gestalten. Wie bei einer Wallfahrt sind wir gemeinsam auf der Suche nach dem Bleibenden und lernen die Vielfalt des Lebens zu verstehen.

Alois Schwarz
Sorgt euch also nicht um morgen
Ein Bischof zur Zukunft des Glaubens

200 Seiten, 16 Farbtafeln
Hardcover mit Schutzumschlag
ISBN 3-222-12988-6